硬核中层

中层领导力修炼法则

孟志强◎著

中华工商联合出版社

图书在版编目（CIP）数据

硬核中层：中层领导力修炼法则 / 孟志强著． -- 北京：中华工商联合出版社，2020.10
　ISBN 978-7-5158-2829-9

　Ⅰ．①硬⋯　Ⅱ．①孟⋯　Ⅲ．①企业领导学　Ⅳ．① F272.91

中国版本图书馆 CIP 数据核字（2020）第 161100 号

硬核中层：中层领导力修炼法则

作　　者：孟志强
出 品 人：李　梁
责任编辑：吴建新
装帧设计：张合涛
责任审读：李　征
责任印制：迈致红
出版发行：中华工商联合出版社有限责任公司
印　　刷：北京毅峰迅捷印刷有限公司
版　　次：2020 年 12 月第 1 版
印　　次：2020 年 12 月第 1 次印刷
开　　本：710mm×1000 mm　1/16
字　　数：154 千字
印　　张：13.5
书　　号：ISBN 978-7-5158-2829-9
定　　价：39.90 元

服务热线：010–58301130–0（前台）
销售热线：010–58302977（网店部）
　　　　　010–58302166（门店部）
　　　　　010–58302837（馆配部、新媒体部）
　　　　　010–58302813（团购部）

地址邮编：北京市西城区西环广场 A 座
　　　　　19–20 层，100044
　　　　　http://www.chgslcbs.cn
投稿热线：010–58302907（总编室）
投稿邮箱：1621239583@qq.com

工商联版图书
版权所有　盗版必究

凡本社图书出现印装质量问题，
请与印务部联系。
联系电话：010–58302915

前言

对于我们大多数企业来说,十年前缺少的是创业资金,十年后缺少的是"硬核中层"。

硬核,译自英语"Hardcore",就是厉害、强悍的意思。硬核中层,不仅仅是指中层的个人能力超强,更主要的是指中层带团队的能力超强,能够带好团队,做出业绩的中层才是"硬核中层"。

创业期我们需要能人,这些能人就是我们俗称的"大侠","大侠"的特征是"武艺超群",但是他们独往独来,不带团队。"大侠"可以凭借自己超强的能力和丰富的经验,搞定企业遇到的急难险重任务,被称为"救火队长",他们为企业的生存立下了汗马功劳。现在,企业进入发展期,员工越来越多,业务越来越复杂,客户要求越来越高,市场竞争越来越残酷,势必对中层的领导能力提出更高的要求。

遗憾的是，我们许多中层经理都来自员工，一时还无法转变自己的角色，用员工的思维做中层的事情，这势必制约企业的快速发展，甚至产生阻碍作用。如何让这些"大侠"转变为优秀的中层领导，从超级员工成长为"硬核中层"呢？

在近20年的企业管理咨询实践当中，我们根据中国企业的实际情况，以及中层团队成长的规律，总结出了一整套行之有效的中层领导力修炼方法，其基本逻辑是：带团队就是做领导，做领导就要扮演好领导的角色，对领导角色的认知需要自身的修炼，修炼的目的就是实现角色认知的转变，即"从传达型向执行型转变，从大侠型向教练型转变，从亲情型向原则型转变，从被动型向主动型转变，从业务型向管理型转变，从保守型向创新型转变，从情感型向心智型转变"。同时，我们在企业导入运营管理体系的过程中，结合中层经理个性化工作实际，着重训练中层经理做管理、带团队、创业绩的领导能力，"硬核中层"就此打造成功。

实践证明，"硬核中层"是强大的中层，强大的中层一定会带出强大的团队，强大的团队一定能够创造出非凡的业绩，非凡的业绩一定能够成就一家卓越的公司。

目录

第一章 战略的执行官——为业绩而战 1

第一节 执行官的第一素质——战略调频/3
 一、不要琢磨老板的心思，要理解公司的战略/5
 二、能用一句话概括"今年的工作重点是什么"/7
 三、完成业绩目标就是对战略的最好支持/10
 四、把公司战略分解到部门计划中就是执行的开始/12

第二节 执行官的评价标准——拿结果说话/13
 一、有1000种解释，都不如拿出一个好结果/13
 二、中层执行的两大依据，一是绩效指标，二是工作计划/15
 三、管理指标的意义大于业务指标/16

第三节 执行官的执行——不折不扣的执行/17
 一、决策前100%的沟通，决策后100%的执行/17
 二、及时、准确、完整地传达上级的命令，让每位员工都知道/18
 三、理解了要执行，不理解也要执行，要在执行中理解/23
 四、在战略执行上，不是量力而行，而是全力以赴/24

第二章　部门的指挥官——让下属完成目标 27

第一节　组建团队——做团队，不是做团伙/30

一、要当领导，而不是当"老大"/30

二、要么不用，要么培养/33

三、以我为核心，选择能够弥补自己弱势的人/35

四、让下属行动起来/37

第二节　指挥下属——驱动下属挂"四档"/39

一、定计划，定结果，让员工清楚执行什么/39

二、给方法，给资源，让员工知道怎么执行/40

三、讲意义，做动员，让员工知道执行的意义/42

四、上一线，去督战，让员工看到执行的榜样/43

第三节　不当"救火队长"——忙而不乱是高手/44

一、计划内的事情，按计划办/45

二、突发的事件，按预案办/45

三、临时交办的事情，穿插着办/46

四、下一步的事情，提前办/47

第三章　业务的检查官——70%的时间做检查 49

第一节　检查官的心态——检查不是处罚员工/51

一、人性有弱点，需要被提醒/52

二、不是领导让我检查，而是我的职责让我检查/53

三、过程控制好，结果必然好 /54

四、检查别人就是改进自己 /55

第二节　检查官的原则——检查就要出结果 /57

一、授权有多大，检查有多严，下属或者其他部门不犯错误是底线 /58

二、70%的时间用在检查上，以防止出现错误再返工 /60

三、检查必须一追到底，从自身、部门、员工三个方面找原因，要有改进的结果 /62

四、检查的结果是什么？不再出现同样的问题 /63

第三节　检查官的操作流程——业务检查"七步走" /64

一、发现问题——检查的起点 /64

二、分析原因——检查的关键 /66

三、制定方案——检查的依据 /67

四、下达整改——检查的指令 /68

五、跟踪复核——检查的过程 /70

六、公告结果——检查的结案 /71

七、完善标准——检查的结果 /71

第四章　团队的教练员——培养出无数个优秀的你　73

第一节　教练员的价值——给队员的四个结果 /76

一、培养优秀的品质：教给员工做人的道理 /76

二、传授专业的能力：给员工提供终身就业的能力 /79

三、培养成熟的心理：给员工过硬的心理素质 /80

　　四、提升工作的业绩：让员工挣到钱 /82

第二节　教练的手段——教练员的"四做法" /83

　　一、做方案——因材施教最有效 /83

　　二、做教材——案头工作不可少 /85

　　三、做训练——实战训练"四步走" /86

　　四、做考核——你的评价很重要 /89

第三节　教练员的自我修养——爱的力量 /91

　　一、深深地爱——甘愿付出要真心 /92

　　二、细细地教——不厌其烦要耐心 /94

　　三、重重地罚——慈不掌兵要狠心 /95

　　四、默默地送——成就下属是仁心 /96

第五章　经营的创新者——想在老板前面　99

第一节　创新的原则——创新要有突破，要有结果 /101

　　一、聚焦战略，不跑题 /101

　　二、创新方案，有依据 /104

　　三、说干就干，讲效率 /105

　　四、谁对谁错，看结果 /107

第二节　创新的内容——"三大主攻方向" /108

　　一、产品创新：老板关注市场的大势，我在意客户的小事 /108

二、技术创新：老板的优势是"宽"，我的优势"专"/109

三、模式创新：老板负责模式构思，我负责模式设计/111

第三节　创新的逻辑思维——创新"四段论"/112

一、我面临的问题是什么？/112

二、我要什么结果？/113

三、因果之间有必然的联系吗？/113

四、解决方法是什么？/114

第四节　创新的心态修炼——不要面子，要结果/116

一、否定过去：过去很成功不代表未来一定会成功/116

二、拒绝平庸：可以成功，可以失败，但不可以平庸/117

三、时常警醒：螳螂捕蝉，黄雀在后/118

四、保持活跃：团队喜欢"新鲜感"/119

第六章　部门的协作者——配合别人就是本职工作　121

第一节　协作的精神——不是一个人在战斗/124

一、部门之间的配合是公司业绩的保障/124

二、部门之间的默契是公司成熟的标志/125

三、部门之间的鼓励是团队精神的体现/127

第二节　协作的原则——服务他人，接受管理/128

一、内部客户的原则：把协作部门当客户看待/128

二、系统操作的原则：系统比自觉更重要/130

三、归口管理的原则：平级之间也有领导/131

　　四、信息对称的原则：让团队知道你进攻到哪里了/133

第三节　协作的自我修养——协作"四问"/135

　　一、我的结果都需要谁知道？/135

　　二、我的过程结果发出了吗？/136

　　三、我的最终结果发出了吗？/137

　　四、我对他人的信息及时反馈了吗？/138

第七章　制度的执法官——公平与正义的化身 141

第一节　执法官的责任——捍卫多数人的正当利益/144

　　一、全面了解制度：我可以代表制度，但是不可以代替制度/144

　　二、反复宣讲制度：没说，是我的责任；没做，就是你的责任/146

　　三、带头遵守制度：员工不看你说的，只看你做的/149

　　四、严格执行制度：违规不办，必有后患/150

　　五、看重奖励制度：奖励表现优秀的员工/152

　　六、不断完善制度：对不合理的制度要敢于谏言/154

第二节　执法要过的"八道关"——真正过不去的是"心里的坎儿"/156

　　一、能人犯了错误，应当怎么办？/157

　　二、元老犯了错误，应当怎么办？/158

　　三、老板的亲戚犯了错误，应当怎么办？/159

　　四、"小团伙"一起犯错误，应当怎么办？/162

五、老板犯错误了，应当怎么办？/164

六、员工犯了错，但是没有可参照的处罚制度，应当怎么办？/166

七、其他部门犯错与自己有关，应当怎么办？/168

八、自己犯错了，应当怎么办？/170

第三节　执法也要讲方法——结论不改变，方法可灵活/174

一、个别人的事情：一对一直接处理/174

二、部门内部的事情：小范围讨论后处理/175

三、公司的大事情：公开讨论或者辩论后处理/177

四、实在拿不准的事情：提请上级裁决处理/178

第八章　文化的传承者——得人心者得团队　181

第一节　传承者的责任——我就是文化/183

一、"员工因公司而来，却因干部而走"，这句话说的是谁？/183

二、良好的文化，可以减少部门管理的成本/185

三、做文化要靠"法"，更要靠"心"/187

第二节　传承文化的主要方法——活动是设计出来的/189

一、会议传播法：一对多讲文化/190

二、案例宣讲法：讲好一个故事，胜过100场培训/191

三、仪式设计法：做文化要有仪式感/193

四、娱乐活动法：寓教于乐是高人/194

第三节 中层晋升的定律——价值观第一，能力第二/196

　　一、只有先适应环境，才会有机会最后改变环境/196

　　二、能力可以获得高薪，而价值观才会让你走得更远/199

第一章

战略的执行官
——为业绩而战

不管你说自己多么优秀，只要你的业绩不好，就不是好中层。中层经理的天职就是执行，执行的结果就是完成业绩指标，没有业绩，一切皆无。因此，"硬核中层"的第一个角色修炼就是做好战略的执行官。

老板负责做战略，中层负责做执行，战略决策错了，老板负责，执行没有结果，中层负责，如此黄金组合，所向无敌。"硬核中层"的特质就是对于理解的战略要执行，不理解的战略也要执行，带领团队义无反顾求结果，全力以赴做业绩，风风火火干事业，不达目的誓不休，"硬核中层"的口号就是——干就对了！

第一节
执行官的第一素质——战略调频

中层经理与员工最大的区别是什么？对于员工来说，知道自己做什么，把结果做好就行了，而中层经理不但要把结果做好，还要理解老板的战略意图。因为理解战略是主动的执行，不理解战略是被动的执行，老板与中层必须在同一个战略频道上对话并达成共识，这样的执行才效率最高。正如孙子所云：上下同欲者胜。这个"欲"，不仅仅是战斗的欲望一致，更重要的是"为什么而战"的想法一致。

我们曾经咨询过一家企业，他们主要从事德国进口的石油管道阀门贸易业务，并做一些零星的工程服务，公司有50多个人，每年的销售额达到三亿多元，小日子过得非常滋润。突然有一天，老板在年度战略会上，向中层经理透露了公司未来三年的战略发展方向，打算投资研发和生产替代进口的阀门产品，并结合中国的情况，生产与阀门相关的智能化控制配套系统，为此公司打算投入5000万元，再贷款5000万元专门成立生产公司，建设生产基地。

此消息一出，在中层经理中引起了一番讨论，多数人不同意，他们认为公司是搞贸易的，一没有技术，二不懂生产管理，转型太大，风险过高，公司现在效益很好，如果稍有不慎，就会前功尽弃。针对来自中层的不同理解，老板进一步解释说："我们现在的日子是不错，照这样做下去，三年、五年也没有问题，但是五年之后呢？国内产品一定会在这个领域替代进口产品，到时我们将失去所有的竞争优势。我们做了这么多年贸易，对产品的性能和使用都非常了解，现在唯一的弱势就是技术。我已经与国内石油管道领域的专家谈过了，国内技术已经趋于成熟，甚至在智能化系统设计方面优于德国，现在正是把先进技术进行产业化的最好时机。我打算与国内专家开展技术合作，并共享专利，这样我们就可以把命运牢牢掌握在自己手里。转型有没有风险？肯定有，弄不好我们会倾家荡产，前功尽弃，但是我问大家一个问题，难道你们就想一辈子卖别人的产品吗？这是你们想要的人生吗？"

老板接着说："你们当中有谁愿意投身技术研发和生产管理，请告诉我，我一定会下大力气培养，将来就会跟着公司走得更远。如果你们不愿意，我就从外边招聘人才，一旦研发成功，产品批量化生产后，我将实行经销制，你们这些中层经理要从销售型、工程型人才，转变为销售管理型和工程外包管理型人才，否则你们就是公司的一个销售部和工程部。对于这件事情，我已经决定了，何去何从，你们自己想清楚。"

五年过去了，这家公司正如当初规划的一样，成为石油管道阀门行业的佼佼者，市场占有率全国领先。当他们再一次开年度总结会的时候，当年那些犹豫不决，甚至提出反对意见的中层们感慨万千。当年的工程部经理是一位退伍军人，他对自己能否掌握生产技术非常不自信，而现在已经成为公司的技术总监。他说："当年老板的胆子真是太大了，我们根本不敢想象能够取得成功。"

这种事情在我们的企业经营中经常会发生，老板就是冒险家，他们的经营哲学就是"富贵险中求"，"冒险不一定能成功，但不冒险一定不会成功"，敏锐的眼光、超前的思维、惊人的魄力，这是老板与一般人最大的不同。中层经理基于自身的条件或者利益局限，很难站在老板的高度去想未来，小富即安的思想，注重眼前利益的角度，是达成战略共识的主要障碍。突破自身的障碍与公司达成战略一致，把频道调整到公司的战略上来，具备大局观、战略观，这是"硬核中层"的第一素质。

那么，如何调频呢？

一、不要琢磨老板的心思，要理解公司的战略

我们不排除有个别老板以公司战略转型为借口，想要淘汰一些管理人员，或者为了自身利益而调整一些中层，但是这种搞权谋的老板毕竟

是少数，我们中层经理也会看得很明白。在现实中出现更多的情况是，中层经理对老板的战略产生了误解，以为老板是对人来的，实际上老板根本没有那么想，再加上公司没有开放分享和坦诚沟通的企业文化，结果大家各怀心事，思想不统一，导致贻误战机。

有的企业老板为了公司的持续发展而大量引进人才，我们一些中层经理就误以为老板要把他们赶走，于是他们就暗中排挤新来的人；有的企业老板为了发展新的业务，把传统业务作为公司资金投入的来源，做传统业务的中层经理就认为老板是在抽血，他们的前途逐渐暗淡，战斗意志也随之消沉；有的企业老板在公司内部实行股份制，让管理人员投资购买公司的股份，形成命运共同体，有些中层经理就认为公司没钱了，用员工的钱去填补公司资金的漏洞；有的老板为了形成大家的战略共识，不断讲解公司的愿景、使命、价值观，有的中层经理却认为这是老板在给员工天天洗脑，有这个时间还不如去做一点业务；有的老板在公司实行绩效考核制度，目的是借助量化标准客观公平地评价每个人的业绩，从而不断改进和提高全体人员的业务水平，有的中层经理却理解为老板要让他们难堪，或者要变相裁人……

作为老板，就应当坦诚地与下属交流自己的战略设想，这个过程中出现误解或者反对意见是正常的，不要责怪大家，出现矛盾是因为我们过去"战略调频"工作做得实在太少了。老板的责任就是要把大家的心扉打开，把全员思想打通，与自己形成战略同频，要对我们的管理团队充满信任。

作为中层，要理解老板的战略意图，而不要揣摩老板的心思，因为人心是无法揣摩的，或者你的想象并不一定是事实的真相。如果对公司战略有不理解的地方，可以大胆地说出来，用事实和数据与老板进行交流。出现矛盾并不可怕，因为矛盾所指向的正是我们必须要解决的问题，只有知道问题出在哪里，我们才有解决问题的办法和可能性。多从公司的长远利益出发思考问题，多站在公司全局利益的立场上思考问题，多从理解老板善意的角度思考问题，我们的中层才能实现最终的"战略同频"。

二、能用一句话概括"今年的工作重点是什么"

判断一位中层经理是否具备战略思维，是否与老板战略同步，最简单的方式，就是看他能否用一句话正确地概括出自己今年的工作重点是什么。如果能够回答清楚、正确，就说明他聚焦了老板的战略，聚焦了公司的战略。如果回答不上来，或者认为自己有很多重点工作，就说明他缺乏战略思维，也没有与老板"战略同频"。

我们服务过一家妇婴用品直营连锁公司，由于他们的产品好、模式好，发展非常迅猛，由原来的50多家店，一下子拓展到200多家店，企业对高级人才有非常迫切的需求。原来一个老店长可以管理三家店，但是现在就需要一个运营总监管理上百个店长；原来一个采购部就可以把产品采购和物流配送全都干了，但是现在必须要有商品总监设计商品结构，规划区域分配；原来销售部有一个平面设计师做陈列形象展示就行了，现在必须要有视觉总监做立体化品牌包装设计……这些人才是无法通过公司内部选拔得到的，只能从外面招聘。可是每当老板向人力资源经理询问招聘进度时，人力资源经理总是回答："已经交给猎头公司了，我每天要办理几十个人的入职和离职，根本忙不过来。"老板说："那我再给你配一个招聘专员吧。"结果招聘专员到岗之后，这位人力资源经理还是每天忙于员工的入职离职等事务性工作，做的还是一个招聘专员的事情，偶尔有猎头公司推荐过来面试的，但是成功率非常低。由于长时间缺乏高级人才，已经严重影响了公司整体业务水平的提升。

在第一季度经营分析会上，老板问了人力资源经理一个问题："你能不能用一句话，把你今年的工作重点说清楚？"人力资源经理想了半天，给出了自己的回答："我的工作重点就是减少员工的流失，保证店面的用人需求。"老板又接着问："员工流失的问题解决得怎么样？员工流失的原因是什么？"人力资源经理回答："问题解决得不好，流失的主要原因是薪酬太低。"老板又问他："为什么我们的薪酬太低呢？我们的工资结构是低底薪、高提成，如果员工的业绩好，他们的收入就会很高，每个门店都有一两个明星员工，他们的收入远远高于其他人，为什么我们不能培养出更多的明星员工呢？"人力资源经理说："因为多数员工的能力不行。"老板又问："员工的能力从哪里来？谁来负责带领团队、培养员工？"人力资源经理说："当然是高水平的管理人员负责培养员工。"老板又问："那么高水平人才在哪里？"这时人力资源经理才恍然大悟。

老板接着对人力资源经理说："你工作很勤奋，工作量也很大，这值得肯定，但你的问题是跟我不在同一个'频道'上。目前我们的店员队伍不稳定，这只是表面现象，如果有高水平中层经理带领他们、培养他们，我们就可以实现'轻松运营效益好'的目标。靠我们两个人能管理2000多人吗？先把各个部门的总监招来，再让他们去招聘和培训一线员工，我们只负责审核把关，这样才能形成管理体系，才能做成大公司！"

从第二季度开始，人力资源经理把工作重点放到高级人才引进上，一是在人才网站购买TOP产品，在网站上引人注目的位置发布招聘信息；二是又找了几家高水平的猎头公司，在行业中搜集人才；三是自己进入同业圈子，了解专业人才的离职或者意向离职情况，亲自充当猎头。一套组合方案下来，没出三个月，几位"大将"就应聘上岗，公司开始逐渐进入正规化运营的状态。

在年度总结会上，因为公司超额完成了年度业绩目标，老板给大家兑现了丰厚的奖金，新来的总监们非常高兴，纷纷举杯感谢老板的信任和大方。老板说："我们应当共同感谢一个人，就是把你们招进来的人力资源经理，她今年的工作卓有成效，而且干成了一件大事，就是把你们招齐了，这是对公司最大的贡献。"

其实最初老板也找不出公司经营问题的根源在哪里，他看到人力资源经理每天都在忙着招聘员工，忙着业务工作，也没觉得有什么不对劲，而且看到她很辛苦，也不忍心反复说一个问题。当时公司总部缺少人才，老板自己也忙得焦头烂额，想亲自上阵去招聘高级人才，但又不知道渠道和方法。我们的咨询顾问来到这家企业之后，看到了这个问题的根源所在，与老板进行了一次深入沟通，讲解了解决问题的基本逻辑与方法，也就是老板后来与人力资源经理的一番对话。

我们的中层经理大部分都是从员工干起来的，他们更擅长做具体业务，去操心那些琐碎的事物，在过去这可能没有什么不对。当公司发展到一定阶段以后，有更重要的事情在等着他们，而他们对此却没有觉察，导致"老板想的"与"中层干的"永远存在差距。这时候训练中层经理提升战略思维的最简单方式，就是在每年年初，在老板思考好下一年的战略工作重点之后，与中层经理做一次深入的交流，请他们用一句话概括下一年的工作重点。如果回答简明扼要，重点突出，与公司目标一致，这样的中层就值得大力培养，如果还是谈一些琐事、低价值的事，或者有很多个"重点的事"，那么这位中层经理的成长空间就比较有限了。对于后者，如果能够帮助他提升，就尽可能地培养锻炼，如果实在提升不了，这样的中层也就只能成为超级员工了，可以安排在重要的操作岗位上，工资待遇保持不变，但是不能再当管理者了，因为不是所有的人都能够修炼出战略思维，把合适的人放在合适的位置就是最好的安排。

三、完成业绩目标就是对战略的最好支持

从财务的角度来讲，公司的业绩目标不仅仅是指销售额，更重要的是指利润率和利润额。利润率代表公司的盈利水平，说明一家公司是否有竞争力；利润额代表公司的投资回报程度，体现股东的投资是否得到了满意的回报，同时也决定了公司能否实现持续的投入和发展。

公司的战略需要清晰地指出利润在哪里，公司的运营需要清晰地回答利润如何获取。个人层面叫执行，企业层面叫运营，企业运营主要是依靠总经理带领中层，中层带领团队做出来的，所以"硬核中层"是公司执行的核心力量，中层的第一项使命就是完成业绩目标。

评价一名中层经理对公司是否忠诚，是否有担当，是否有能力，是否有培养和提升的空间，核心标准只有一个，就是能不能完成公司交给的业绩目标和工作任务。大家好像都懂得这个道理，可是一旦实际执行起来，却常常偏离了这个标准。我们会把这个人在公司有没有工作激情

当成好中层的评价标准，会把这个人是否任劳任怨当成好中层的评价标准，会把这个人是否让老板信任当成好中层评价标准，会把这个人在公司有多高的职位或者多长的工龄当成好中层的评价的标准……

这些标准固然重要，但都不是核心的标准，如果业绩目标不能达成，这些标准都一文不值。因为我们是企业，企业不是交朋友、过家家、找安慰的地方，而是要创造商业利润、共享财富与成就、为客户创造价值的地方。要么你能增加公司的收入，要么你能降低公司的成本，要么你可以提高公司的运营效率，一个人如果不能完成业绩目标，不能完成公司交给的各项任务，就不是合格的员工，不能带领团队实现业绩目标的中层就不是合格的中层。

如果一个销售经理不能完成销售收入达成率、应收账款及时回收率、新客户开发成功率、老客户重复购买率等业绩指标，他就不是一个好的销售经理；如果一个生产部长不能完成产量达成率、质量直通率、交付及时率等业绩指标，他就不是一个好的生产部长；如果一个项目经理不能够完成项目进度达成率、项目验收合格率、安全产生率、成本控制率等业绩指标，他就不是一个好的项目经理……每一位中层都有自己的岗位职责，每一项岗位职责都有量化的业绩指标，每周、每月做的结果好不好，唯一的评价标准就是这位中层经理是否达到了公司要求的业绩指标。

如果我们的绩效管理体系设计没有问题，我们的业绩考核指标体系设计也没有问题，每个部门经理都能完成业绩指标，那么公司的利润目标就一定能够实现。战略决策和绩效考核方案的审定是老板的事情，中层的任务就是按照与老板达成的绩效契约，或者责任状，把约定的业绩目标完成好，这就是对公司战略的最大支持。

四、把公司战略分解到部门计划中就是执行的开始

无论企业制定的是三年规划还是五年规划，其真正执行都是从年度计划的制定与分解开始的。公司年度计划先由董事会或董事长提出基本的战略构思，提出年度工作主题，指出一个大方向，制定几个大目标，明确几个大原则，然后交给中层经理制定各自部门的年度计划。各部门的年度计划完成之后，要召开公司战略研讨会，由部门经理向公司董事长和总经理做汇报，并听取其他部门经理的建议，最后由董事长或者总经理决定是否审核通过。年度计划通过之后，公司的战略目标就会分解到部门的工作中，部门的目标也会分解到个人身上，我们的战略执行就正式开始了。

许多中层经理干了多年，依然是一个事务型管理人员。所谓事务型管理人员，就是自己不做年度计划，也没有把年度计划分解到下属身上，执行的过程没有起点，也没有终点，然后就是日复一日的工作，做好了也不知道为什么好，做差了也不知道为什么差，执行无计划，工作无结果。执行是有节奏的，执行是有阶段性的，执行是有起点和终点的，中层经理就要以计划作为自己的执行起点，把落实分解作为团队执行的开始。我们的团队有了目标，有了责任，再加上中层经理对团队的方法训练、过程检查和考核改进，就能把团队的精、气、神凝聚起来、动员起来，真正进入执行状态。

第二节
执行官的评价标准——拿结果说话

一、有1000种解释，都不如拿出一个好结果

在执行过程中，我们会遇到各种各样的困难，比如市场不景气、行业低迷、客户刁难、管理内耗、员工不"给力"，甚至会出现老板决策失误等问题，但是这一切，都不是我们做不好工作的理由，因为我们存在的价值就是解决这些问题，克服这些困难，向着既定的目标坚定不移地迈进。当然，这不是不让大家解释问题，但多数解释是没有任何意义的，因为无论怎么解释都说服不了别人，也解决不了问题。作为中层经理永远要牢记一点——有1000种解释，都不如拿出一个好结果。

有一家以节能环保智能化设备为主打产品的企业，技术创新是企业的生命线，公司在技术升级换代过程中，遇到的最大的问题就是研发速度太慢，跟不上市场的需求。研发总监十分勤奋，技术能力也非常过硬，但是为什么会出现研发速度慢的问题呢？我们曾参加了一次企业的月度质询会，想找出真正的答案。在会上，研发总监说："产品研发这件事做不了计划，为什么呢？因为不可预见的因素太多了，客户的需求在不断变化，生产技术在不断变化，工艺和材料要求在不断变化，管理软件在不断变化，我所做的计划都没有变化快，你让我怎么做计划？"老板说：

"如果产品研发没有计划，我们的市场销售就不能制定计划，接着就是生产无法计划、采购无法计划，你研发部门是整个企业的龙头，你们没有计划，那后面所有的供应链都不知道如何安排和运行。"

这个问题的根源到底是什么呢？经过调查研究，我们发现这个问题出在研发总监的思维方面，他总认为"计划没有变化快"，但从来没有想过"有计划总比没有计划强"。因为有计划我们还可以调整计划，如果没有计划，我们连调整的依据都没有，这样一个最基本的管理原则，在我们的技术"大咖"心中却没有任何概念，所以他只能为自己做不出计划而找理由、做解释。

我们的咨询顾问是这样解决这个问题的。他首先会问市场部经理："我们的新产品什么时候上市才能抢占市场先机？"市场部经理说："必须要在今年10月份的行业展销会之前，因为我知道很多竞争对手都在做迭代研发，如果我们落后了，未来恐怕就要付出更大的代价。这是一种战略卡位思维，如果我们率先推出新的产品，就会在客户心目中留下产品原创的品牌印象，竞争对手再想超越我们就非常困难。"

咨询顾问接着说："我们的执行是以市场和客户为导向的，所以我们产品研发的最终目标是10月份新产品上市，研发部应当以此为终点进行倒推，做好计划安排。比如，9月份样品就要通过最终测试，7~8月份就要完成中试，5~6月份就要做小试，现在是3月份，就应该做好计划，包括立项、预算、项目进度安排、人员调配等，经过总经理批准后开始执行。只有这样公司才能知道如何向你提供所需的资源支持，其他部门也会同时做好10月份新品上市前的营销、生产、采购等配套准备。在这个过程中，我们会遇到很多困难，但是研发目标不能变，这就是战略，这是必须要做的工作，我们没有讨论的必要。目前，新产品研发计划的制定和实施就是公司的重点，在计划实施过程中要'遇鬼杀鬼，遇魔斩魔'，但是现在首先要有一个计划。"

这个案例告诉我们，中层经理必须要树立战略意识，知道公司要什么。如果对公司的战略意图不清楚，就会陷在自己狭小的眼界里，遇到问题之后就会有1000个解释。反之，如果知道了公司的战略意图，知道了公司要什么，打开了自己的战略格局，再辅助一些管理方法与工具的训练，这些解释就会自然消失，结果导向思维便开始树立。

二、中层执行的两大依据，一是绩效指标，二是工作计划

中层经理的思想认识打通后，依靠什么去执行呢？从空间上看，要制定好中层的业绩考核指标，从时间上看，要做好每个月的工作计划。围绕着业绩目标，制定好每个月的工作计划，我们的执行才会聚焦重点不跑偏，我们的运营才会有效率。

制定业绩指标属于人力资源管理体系的范畴，其基本程序是根据公司的战略和商业模式，来设计组织架构，划分部门职能，主要的管理文件就是《部门职能说明书》，然后根据《部门职能说明书》制定《岗位职责说明书》，把部门的职能落实到具体的个人和岗位上。《岗位职责说明书》非常关键，岗位职责的界定应当体现个性化和结果化，让人一看就知道是某个岗位的职责，而不是其他岗位的职责，所有的职责都有可衡量的考核指标，这是我们做绩效考核的基础。

无论是采取KPI考核法，还是OKR考核法，或者是平衡积分卡，还

是积分制管理，只要符合我们企业的实际情况，符合"简单实用有效"的要求，确保各项指标"是关键、可量化、能统计"，就是好的考核指标体系。

考核指标清楚了，我们制定计划就有了依据，周计划也好，月计划也好，季度计划也好，都属于过程管理文件，都要围绕着公司战略和分解后的考核指标来制定，那么我们中层经理的执行就有了正确的方向。

三、管理指标的意义大于业务指标

在管理实践当中，我们发现老板和中层经理一般更关注业务指标，而对管理指标比较忽略，比如销售经理更注重销售业绩完成率，而对员工的胜任率就不太重视，也不会考核，结果就会导致团队培养出现短板或者青黄不接，我们销售经理最后变成了一个"裸奔的光杆司令"。再比如，生产经理更注重产品数量和产品质量的完成率，但是对生产管理制度的执行率考核不够，结果就会导致有制度不执行，生产经理总是经常把自己的告诫当成制度，结果是"按下葫芦浮起瓢"，自己很辛苦，员工却常出错。

如果企业还处于初创期，或者是刚刚开始建立管理体系，注重业务指标无可厚非，因为企业一方面要生存，另一方面还不知道如何建立体系。如果企业已经进入了发展期，我们还是只关注业绩指标、业务指标，而忽略管理指标，就会出现后劲不足的情况，然后我们又会花费巨大的成本和代价，回过头来弥补管理的短板。

管理是为经营服务的，我们不提倡过度管理的做法，但管理是不可缺少的，需要根据企业的经营创新和发展规模适度完善和提升。对中层经理的绩效考核也是一样，初期我们要关注一些经营性指标，当这些指标的完成进入"常态化"之后，我们就应该适度增加管理指标的考核权重，让中层人员重视管理、学会管理，发挥机制和团队的作用，实现"自己不累，效果又好"的管理目标，企业的持续发展也就有了根本保障。

第三节
执行官的执行——不折不扣的执行

一、决策前100%的沟通，决策后100%的执行

民主集中制依然是行之有效的决策机制，企业的老板在做出重大战略决策之前，征求中层经理的意见是一种良好的工作方式，其目的有三个：一是听取不同的意见，达到兼听则明，让自己的决策更加全面和准确；二是在听取意见和交流的过程中，发挥达成共识的作用；三是体现尊重和信任，从而增强中层执行的精神动力。

作为中层经理，如果老板和高层征求我们的意见，我们就要站在全局的角度，大胆地提出自己的看法，即便这些看法有可能是片面的，可能是不切实际的，也有可能跟老板的想法不一致，也要大胆地提出，只要是自己真实的想法、负责任的想法、善意的想法，就要毫无顾虑、直截了当地提出来。

我们反对那种当面不说、背后瞎说的恶习。作为老板和决策层，要敞开胸怀听取大家的意见，即便是不正确或与自己的想法存在矛盾的建议，也不要打压，说不说是中层的事情，是否采纳是老板和高层的事情，学会倾听是领导艺术的第一门功课。作为中层经理，要养成一个良好的习惯，如果当面不说，背后就不要再议论了，更不要在决策之后心存疑虑，甚至心怀不满，带着这样的心态开展工作，是不可能执行好决策的，同时对下属也会有负面影响。

许多企业年初的计划决策了、发布了，但是到了年中还在讨论这个计划到底是否可行，这样的企业怎么能够执行好决策？由于考虑情况不够全面，或者某些因素发生了变化，导致当初制定的计划已经不再适用，我们可以在季度经营分析会上重新进行讨论和调整。这属于实施计划过程中正常的动态管理，但是如果没有出现重大的内外部环境和条件的变化，我们的计划就不要轻易改动，要坚定地执行下去，要做到100%执行。

二、及时、准确、完整地传达上级的命令，让每位员工都知道

执行官的执行，首先就是不折不扣的传达，然后才是不折不扣的执行。

传达上级的命令有三个要求，即及时性、准确性、完整性。

所谓及时性，就是在公司规定的时间或者是命令发出后的第一时间，向下属传达上级的命令，不得拖延。

在新冠肺炎疫情期间，某家企业上午9点召开了中层经理参加的会议，总经理布置了安全生产和疫情防控工作计划，提出了具体要求，包

括员工隔离、通行码办理、入厂接送、安全检查程序、工作时间安排，以及自我安全防护等七项具体要求，并要求各部门经理现在回去立即传达。中午11点，根据总经理的指令，行政办公室到车间对安全防控要求落实情况进行抽查，发现有三个员工在外边抽烟聊天，口罩拉到下巴上，而且相隔距离不到一米。办公室主任上前询问："你们不知道公司安全防护的具体要求吗？不能摘口罩，不能聚集聊天，相隔必须一米以上，每个人在厂区都要坚决遵守。"三个员工说："没听说这些要求呀！"办公室主任找到车间主任，说："你把上午开会的要求传达给一线员工了吗？"车间主任说："我还没来得及传达，刚才生产线上出了点情况，我在抓紧处理，结果一忙把这传达要求的事忘了，吃完中午饭，我就开会传达。"办公室主任说："在会上，总经理要求会后立即传达，安全防控是公司目前最重要的任务，万一员工出了问题，我们怎么跟家人交代，生产也会受到重大影响，这方面出了问题就是大问题。"

从这个案例当中，我们就能看出车间主任在执行上出现了问题，应当第一时间向所有员工传达公司的要求，真正做到让所有员工都了解知悉、提高认识。如果执行到位的话，还应该在公司安全防控文件上，让每个员工都签字承诺，但是他没有及时去落实。这是一种特别不好的思维和工作习惯，分不清哪件事是重要工作，分不清执行的前后顺序，经常会被突发的事件分散精力，牵着鼻子走，而忽略了应当去做的最重要的事情。

所谓准确性，就是能够精准传达命令的真实意图，而不做任何内容方面的曲解和增减。如果自己没有搞清楚指令的真实意图，千万不能以自我为中心，更不能不懂装懂、似是而非、自以为是，应当及时向指令发出人再次询问或确认，直到彻底搞清楚、搞懂了为止。

讲一个小故事。张老板是做进口机电产品贸易的二级分销商,临近过年了,他让行政办彭主任去给总经销商李老板送一箱茅台酒。彭主任来到李老板办公室,李老板出去办事了,他把酒交给了秘书,秘书说:"李老板的太太在公司,要不你直接交给她,好吗?"彭主任一想,交给老板太太也好,于是当面交给了李老板太太,然后就告辞回去了,并告诉张老板酒已经送到了,因为李老板不在,我当面交给他太太了。张老板一听就发火了,他说:"我让你交给李老板,你怎么给他太太?来不及多说了,我马上打电话告诉李老板。"李老板没接电话,一会儿他回电话说:"我太太把那箱酒打开了,公司来了客人,她拿酒招待客人了。"张老板一听无奈了,马上就说再送一箱过去,他又把彭主任叫来,让他再送一箱,必须亲自交给李老板。彭主任不解地问:"不是刚送过了吗?"张老板哭笑不得地说:"这箱酒是李老板要送给客人的,不是自己用的。"彭主任也很无奈地说:"我哪知道呀?"张老板说:"我没有说清楚吗?我让你送给李老板,你却给了他太太了,你改变我的指令之前,不应当先给我打一个电话吗?"彭主任羞愧地说:"我以为他们是一家人,给谁都一样呢!"

"我以为"是一些执行者的思维习惯,他们在指令中附加了一些自己的认识,从而背离了指令者的本意。如果在执行中出现意外情况,应当先请示指令者,搞清楚之后再继续执行。

所谓完整性,就是传达指示时要保持信息完整、全面,避免出现信息遗漏等问题,导致接收方理解错误、执行出错,或者因为多次补充信息而增加执行成本。

举一个例子,老板给物流部经理打电话说:"你告诉司机,明天给客户送货时，把五件不合格品运回来，再免费送给客户10个包装箱。另外，客户那边有一个样品，带回来之后交给技术部经理。"第二天，司机到了客户那边给物流部经理打电话，说客户不给包装箱的钱，是咱们老板答应白送的，物流部经理这才想起来，赶紧告诉司机就是免费的。又过了几天，老板问技术部经理："样品的工艺设计做好了吗？"技术部经理说："哪个样品？我没有收到样品啊。"老板一路追问，才发现物流部经理忘记告诉司机把样品交给谁了。司机把样品交给了生产部经理，然后就直接放到车间了。

这是典型的由于信息传达不完整而造成的执行成本增加的案例，在我们繁忙紧张的工作中，老板的指示总是信息量大而且速度很快，有时还会一件事分成几次说完，中层经理如果没有很好的记忆力，没有有效的整理信息、传达信息的方法，就会造成信息遗漏。

确保完整传达信息的方法主要有四个：第一，如果是通过电话收到指示，就要立即归纳梳理，然后重复一遍，请上级确认是否缺少信息，再安排下属执行；第二，如果是通过微信语音接收指示，最好转成文字，将内容整理清楚，再发给下属，让下属清晰掌握命令内容；第三，如果是专项工作，就要请示老板建立一个临时工作信息群，将老板的指示发送到群中，中层经理只要按照老板的指示，做好分工和监督就可以了；第四，如果是常规性信息传递，应当设计好办事流程和表格，或者在信息化管理系统上增加标准化数据录入栏，用机制防止信息遗漏。

某家玩具公司的老板告诉设计总监："明天有德国客户到公司考察，请你转告研发一部经理做好新产品的讲解准备，重点要讲解新产品在安全性、娱乐性、智力开发方面的功能升级，以及这次研发的最新亮点——多功能性和可替换性。这件事非常重要，新产品是我们公司的心血之作，这家客户是我们目前接触到的欧洲最大的代理商，一旦达成了合作，我们公司将进入一片新天地。"结果在汇报的时候，研发一部经理始终说不到点上，几次被客户提醒"请讲重点"，老板最关心的亮点也只讲了一个，最后只能自己亲自进行补充。在中午的招待宴会上，老板明显感觉到客户对产品价值的理解还不够全面，对公司的工作效率也略有微词。按照常理，马上就能表态的事情，客户却说回去再商量商量。虽然历经百转千回，最后合作成功了，但是这件事给老板留下了"心理阴影"，每当下属出错时，就会拿出来唠叨一番，责怪中层经理的执行力有问题。

这是一个专项工作，老板考虑的比较全面，但是由于信息量太大，研发总监的记忆不会非常全面完整，再加上传达时又隔了一层，信息难免出现遗漏，这种问题最好是用机制来解决。首先，要有一个新产品介绍会的流程，明确参加人的分工职责、协作程序和方法要求，主要内容包括主讲人提前试讲、展厅样品实物陈列、客商接待、现场使用体验、生产现场和研发现场参观等。其次，要有一个新产品介绍的幻灯片标准模板，只要有新产品推介，就可以用这个模板填充内容，再补充一些个性化亮点，就可以直接使用了。当然，为了避免现场失误，最好制作一个专题视频代替现场人工讲解。对于常规性工作，如果我们建立了这一整套模式，大家都执行标准流程，就会大大减少犯错的概率，用"机制的规范"代替"人的聪明"，这才是最聪明的做法。

老板在下达口头指示的时候，通常会"一股脑"地把话全说出来，没有进行结构化、条理化加工，其中还可能掺杂着一些"非任务信息"，比如强调任务的重要性，交流自己的看法，以及反复叮嘱等。这就要求中层经理必须要及时进行整理，逐条逐项列清楚，最好是经过老板确认之后再向下级传达。这么做看似有些慢，但是确保不出错才是真正的快。随着公司管理逐渐正规化，中层经理要学会用流程、工具和方法来传达上级指示和安排下属工作，信息传达的完整性才能拥有体系保障。

三、理解了要执行，不理解也要执行，要在执行中理解

老板在下达指令的时候，要把指令的意图给中层经理讲清楚，让中层理解之后再去执行，这是最好的决策与执行方式。中层理解了指令的意图，心里就清楚了，执行的主动性和应变能力就会更强，也就是明明白白去作战，战斗效力才会更高。

但是有的时候，对于一些指令意图，老板不便于给中层讲清楚，或者是时机不成熟，还不到给大家讲清楚的时候，即使是中层询问，老板也不愿意回答，就只有一句话——别问那么多，照做就行了。这时候该怎么办？

我们的执行理念是理解了要执行，不理解也要执行，要在执行中理解。老板不便于说清楚决策意图，自有他的原因，"事成于密"是许多老板的做事原则。这时候中层就必须先去执行，在执行当中理解，而不是非要搞明白之后再执行，以避免贻误战机。

2013年年底，阿里巴巴在人力资源盘点时发现，在一年之中公司居然增加了5000人，当时的阿里也就不到两万名员工，增长幅度有些大。马云觉得不对劲儿，就做了一个决策：2014年不再增加新员工，员工总数保持出二进一，而且明年的业绩指标保持不变，但是"粮草"不会增

加,让各部门经理自己看着办。

这是什么状况?这不是开玩笑吧?下属们有点懵了。现在公司正处在高速发展期,不管是支付宝,还是淘宝,要做的项目太多太多,急需扩充团队,我们在打仗,你却在断粮草,这是啥意思啊?但是当大家看到马云一脸的严肃,不像是开玩笑,这事必须要办,也只好去执行。结果,阿里巴巴2014年的业绩不仅没有退步,还实现了大幅增长。

这是什么原因?其实马云看到了一个巨大的风险,那就是"惯性旋涡"。什么是"惯性旋涡"?就是雄心勃勃的部门为了开拓新项目,创造新业绩,往往会把项目越做越大,战线越拉越长,再加上部门之间攀比,就会拼命争抢人员和资源。此时如果管控不力,就会导致一些项目失败,产生许多资源浪费。此时,为了保持高速增长,又必须补充"粮草",一方面接连出现失败,另一方面为了弥补失败的漏洞而急速扩充组织,让公司陷入恶性循环。

老板之所以是老板,一定有他的过人之处,通常优秀的企业家都会有超前的眼光和独特的思维,这是许多中层经理达不到的境界。因此,作为中层经理能够理解命令意图更好,如果理解不了,就先执行起来,可能在执行中慢慢就理解了,也可能到最后才理解,甚至执行结束了也不理解,这都是非常正常的,但是绝不能不理解就不执行,也不能执行打折扣。只要不是违法乱纪的事情,只要不是违背道德的事情,"干就行了"。

四、在战略执行上,不是量力而行,而是全力以赴

刘强东曾对员工说过:"我请你们来,不是想让你们证明我的决策是

错误的，而是让你们把我的决策落实到位、执行到位。如果执行中遇到困难，你要主动想出办法，坚决落实到位。"虽然这番话有些简单，但是却说出了执行中的一个道理，只有心无旁骛、全力以赴地做一件事，我们才能拥有最后的成功。

为什么有些企业执行效率低？因为大家没有全力以赴。为什么没有全力以赴？因为总想给自己留后路。为什么要留后路？因为人们都有躲避风险的本能，这些风险包含很多内容，小到丢面子，中到丢饭碗，大到丢性命。

在企业中，通常没有丢性命的事情，但是担心自己的利益或者名誉受到损失却是普遍心理，所谓成长就是抑制或者摆脱人性的弱点，彰显或者弘扬人性的优点。

我们再讲一位阿里巴巴的员工——彭蕾，她从大学教师的岗位转行到阿里巴巴，先做了10年的人力资源管理，为公司挖掘了许多顶尖人才，然后在39岁时出任支付宝CEO，42岁时出任蚂蚁金服CEO，蚂蚁金服的市值一度超过6300亿元。彭蕾有一句名言——无论老板的决定是什么，都要把老板的决定变成正确的决定。

有一年，马云看了电视剧《历史的天空》受到启发，让彭蕾给阿里招聘一位"政委"，通过思想文化工作，增强团队凝聚力。彭蕾琢磨了一段时间，成功推出了一项"阿里政委"的工作机制，天天给员工送温暖，帮助员工解决实际问题，员工的向心力大大增强。还有一年，随着马云的一道任命，让只做过人事和财务工作的彭蕾去管理支付宝。彭蕾二话不说，立即赴任，日夜兼程，对内提升管理水平，对外提升用户体验，终于把支付宝做成了"中国新四大发明"之一。

天马行空的老板，加上执行落地的中层，这是经营团队的黄金组合。不给自己留后路，不给自己留面子，不给自己找借口，没有什么量力而行，全部都是全力以赴，这样的"硬核中层"未来就是老板事业的合伙人。

面对公司的战略，面对老板的决策，中层的角色就是执行官。这个执行官，在战略决策前要同频，在执行过程中要同步，取得成功后必然会同庆！

第二章

部门的指挥官
——让下属完成目标

如果你自己干得好，只是一名超级员工，如果你指挥下属一起干，才是一名"硬核中层"。"硬核中层"的第二个角色修炼，就是如何当好部门的指挥官。

中层经理很多都出身于"超级员工"，他们业绩卓著，能力超强，公司急需人才时，他们被提拔为中层经理。但是没有接受过领导力训练的这些"超级员工"，做事的习惯依然没有改变，他们只顾自己往前冲，认为只有这样才会给员工起到表率作用。当他们发现自己冲得太远、团队跟不上的时候，又跑回来代替员工完成工作，就是不懂得指挥大家往前冲，结果自己累得够呛，团队却一动不动。

不是不让中层经理往前冲，关键的时候中层经理应当身先士卒，站在队伍的最前面，但是在平时的管理当中，中层经理应该多动脑筋，多想方法。想一想如何发挥团队的作用，如何指挥部门的成员做好执行，要用行之有效的管理手段，让团队执行起来，让下属完成目标，下属成功了，自己也就成功了，从而实现从"超级员工"向"部门指挥官"的角色转换。

第一节
组建团队——做团队，不是做团伙

什么是团队？团队是利益一致、信仰一致的组织。什么是团伙？团伙是利益一致、信仰不一致的帮派。中层经理要牢牢记住，我们组建的不是团伙，而是团队。团伙是有利益就干，没有利益就散，即便不散，也需要靠着义气来维系，而义气往往是靠不住的，这是由企业的性质所决定的。企业是以赢利为目的的商业组织，团队内部之所以能够长久合作，是因为有大家公认的利益分配规则，以及为客户创造价值的信仰。团伙讲利益不讲规则，团伙成员得多少，老大说了算，团伙的执行动力是为老大干事，而不是为客户提供价值。当团伙利益与公司利益，或者与客户利益发生冲突的时候，往往以团伙利益为重，这就是为什么一些公司内部会出现"山头"和"帮派"的根本原因。

一、要当领导，而不是当"老大"

老大是江湖头领，凝聚人心靠的是江湖义气，有江湖的地方有情谊，更会有恩怨，情谊不长久，恩怨迟早来，这样的团队走不长远，自己的结局也会比较悲惨。领导是组织和带领团队完成既定目标的领头人，凝聚人心依靠的是共同的目标和价值观，工作方式是做决策、给目标、教方法、给支持，领导与团队的关系是规则之下的平等互助、合作共赢，与下属的关系是共同进步、共同成长。

有一家小电器生产企业，员工有1000多人，主要是做外贸订单。为适应国际市场的竞争，公司决定全面实施质量战略，从产品研发到设备自动化升级，从工艺流程优化到计件工资考核，提出了一整套以质量提升为核心的行动方案。公司要求所有生产一线的员工必须通过技能培训和考核之后才能上岗操作，并公布未来三个周六都将举办生产工艺讲座，员工可根据自己的情况自愿参加，但出乎意料的是第一次培训就来了30多人。公司再次发出通知，不参加培训可以，但是如果考核不合格，公司将予以调岗，不服从者将予以劝退。三周过去了，参加培训的总人数只有200多人，公司开始实施岗位技能考核，结果通过考核的人只有100多人。这是一个非常尴尬的情况，话已经说出去了，如果真正兑现，上百名员工未能通过考核，公司真能全部劝退吗？肯定是不可能的。

老板让人力资源部经理和生产部经理调查此事，生产部经理说："这事不用调查，我给你们看一看员工微信群的聊天记录，你就知道原因了。"他截了几张图，发给了老板。原来大家都在议论，主要的观点是——我们都是来打工赚钱的，公司搞这些培训考核就是想卡我们，不给涨工资，还要增加工作难度，我们都别上公司的当。整个微信群当中都是消极抵触的情绪，这些消极论调从哪来的呢？后来发现这些微信群都是老乡群，群里边的"意见领袖"就是两个车间主任。老板让人力资源经理和生产部长找他们谈话，讲解公司对员工组织培训与考核的意义，如果谈得好，可以要求他们留任，如果谈不好，立即劝退。结果一个谈得很好，他认识到自己的错误，并承诺解散老乡微信群，按照公司的要求组织员工参加培训和考核。另一个谈得很不好，依旧认为公司这是变相苛求员工，公司对其坚决予以辞退。这位车间主任离职一周之后，有100多位他的"老乡"不辞而别，跟随那个车间主任加入了另一家公司。但是不久，新公司又把这位车间主任辞退了，为什么呢？因为新公司了解到这位车间主任被辞退的真相后，也觉得是一个潜在威胁。

类似这种"小团伙"的现象在一些公司比较严重，某些中层经理用"老乡情""兄弟情"和小恩小惠拉拢下属，搞出许多"小帮派""小圈子"，对抗公司的管理，不听从公司的指令，不接受公司的检查，不遵守公司的制度。如果有一天，自己和公司产生了不可调和的矛盾，就会要挟公司，甚至带着员工一起辞职。

这些团伙的领头者有一个共同的心理，就是只有抱起团来，大家才会有安全感，其实他们不是为了让员工有安全感，而是为了让自己有安全感，但实际上这种做法是最没有安全感的，因为没有一家公司敢把命运"押宝"在某个人身上。有的老板之所以不点破这层关系，是因为这些中层经理还有用，或者暂时无人替代，如果有一天有人能够替代你，第一个被辞退的可能就是你。

有些中层经理在部门内部自称"老大"，经常给员工灌输江湖思想，"只要跟我干，兄弟们就不会吃亏""你们按我的意思办，出了问题我兜着""我说的话别出去瞎传，如果让我发现了，别怪我不客气"……给甜头，做允诺，相威胁，是江湖老大搞团伙的"三板斧"，但最后的结局多半是没有砍到别人，反而砍了自己。

在团队建设的层面上，中层经理要正确把握自己的角色定位，我们是公司的中层管理者，上有老板的信任托付，下有员工的成长期待，我们的责任是按照公司的战略部署，组织员工完成好部门业绩目标，大家就是合作的关系，我们建的是团队，不是团伙。

二、要么不用，要么培养

带兵打仗就要兵强马壮，作为中层经理，部门内部的员工不一定都是你招聘来的，但是既然他们来了，就是你的兵，你就有义务帮助他们，端正他们的工作态度，提高他们的工作技能，帮助他们完成工作业绩，获得良好的收入，为他们的成长负责。当然，对于那些工作态度不好，工作能力还很差，经常不能完成业绩，多次给机会、给帮助之后，依然不能胜任工作要求的，你也有权力不用此人。

我们最不愿意看到的现象是什么呢？就是既不帮助员工成长，也不淘汰员工，然后不是抱怨下属无能，就是报怨公司招人的人不行，员工处于"放羊"的状态，没人管，没人问，没人帮，自生自灭，放任自流，毫无作为，这是对公司不负责任，对团队不负责任，对自己更不负责任。

小段原来是公司的技术员，由于业务能力强，人品又很好，老板提拔他担任技术部经理，手下有五位技术员，负责产品研发和工艺优化。每个月开总结会的时候，技术部的计划总是所有部门当中完成最不好的，新产品研发迟迟出不来，工艺方案经常出错，配合销售部给客户提供技术解决方案，被客户挑出许多明显的错误，整个部门管理非常混乱。每次老板指出技术部的问题时，小段总是在抱怨：工作量太大，下属能力不行，我也无能为力。

以下是老板与小段的一段对话。

老板：在技术部，你的专业能力最强，你要是不教会下属，他们怎么能干出活来？

小段：我教不了他们，一个比一个笨。

老板：就你那种培训方式，我听课都能睡着。你应该拿出具体的研发计划，把专项任务分配到个人，然后给他们制定详细的量化标准，培训时最好有一个模板，告诉他们方法与标准，并监督大家去落实和执行。讲那些大而空的理论，有什么用啊？我们又不是在大学里搞研究。

小段：我看这帮人根本就不想学，心思就不在业务上。

老板：你认为谁的态度有问题，你可以不用啊。

小段：我有那么大的权力吗？我能动谁呀？

老板：我给你这个权力，你认为谁不行就直接提出来，我让人力资源部配合你。

小段：哎呀，我也就是说说，他们都是拖家带口的，都不容易。

老板：……

你说纠结不纠结？认为下属不行，既不能提高他们，又不想淘汰他们，那么作为中层经理，在公司还有什么存在意义呢？我们不想淘汰员工，淘汰员工是在万不得已的情况下采取的最后的管理手段，但是如果我们既不培养又不淘汰，不仅影响整个团队的进步和部门业绩，从某个角度来讲，也是在耽误员工重新选择的权利。

要想当好部门的指挥官，对于下属来说，要么帮助他们成长，通过一段时间的培养，让他们适应岗位要求；要么就不要用他，给人家重新选择的机会，没有第三条出路可走。

三、以我为核心，选择能够弥补自己弱势的人

作为中层经理，选拔和使用下属需要格局和智慧，要有自知之明，知道自己的强项和弱项是什么，然后在组建团队，或者安排工作的时候，尽量用别人之长补自己之短。中层经理在用人的理念上，经常出现两个错误：第一个错误就是下属不能比我强；第二个错误就是选择跟我一样的人。

下属不能比我强，这是典型的"武大郎开店"的心态，其想法背后是怕别人超过自己，压过自己的风头，削弱自己在部门当中的权威，是一种狭隘"小农意识"在作怪。其实没有谁能超过你，如果有人能超过你，你也就不能成为部门经理了。你之所以是部门经理，肯定是因为你有自己的强项，别人威胁不到你的地位，除非你自己吓唬自己。正确的观念应该是，下属在某些方面一定有比我强的地方，这对我来讲是一件幸事，有些事情我做起来可能很困难，但是对员工来说却很容易。

我们接着小段的案例往下说。小段成了技术部长之后，人力资源经理发现他在招聘技术人才的时候，条件与标准往往都比自己低。他是普通本科学校毕业的，所以"211""895"学校毕业的人才就招不进来；他是学系统软件工程的，但是搞智能化设计的人才就招不进来；他刚刚三十出头，与其同龄或者年长的技术人员就招不进来……随之而来的问题就是研发速度更慢，创新力度更差，客户感受更不好，因为没有人比他更强，团队没有实现"强强联手"，没有变得更强，反而形成了"以弱带弱"，那就只能更弱了。人力资源部长和总经理多次找他谈话："你是部长，要学会带领各类高手，你的任务不是在技术上比他们强，而是把

员工们最强的一面激发出来，合理分配好研发任务，把部门业绩做上去，你的业绩不就提升了吗？"好说歹说，小段总算想明白了，又重新调整公司的技术队伍结构，引进了几位高人，研发工作才慢慢有了起色。

选择跟我一样的人，也是一种胆小怕事的想法，因为你怕跟与自己的性格、思维方式、工作风格、专业背景不一样的人合作，怕沟通起来有困难，用起来不顺手，所以在招聘的时候一看专业和职业经历跟自己非常相近，就马上招进来，如果思维习惯和性格与自己非常相近，那就更高兴了。结果导致部门里边都是"一类人"，部门经理是搞技术的，下属都是搞技术的；部门经理性格内向，下属的性格都比较内向；部门经理有激情，下属们都有激情；部门经理很年轻，下属都很年轻，部门经理年纪大，下属年龄都偏大……同一类人的想法往往比较一致，内部意见非常单一，往往会导致团队决策比较片面；同一类人的专业背景非常相似，往往缺乏团队工作的创新机会；同一类人的性格比较接近，往往就会缺少团队与外界沟通和打交道的人……

再接着小段的案例。相对而言，小段也算是一位技术高手了，但他不是一个谈判高手，性格内向，不善言谈，对人情世故比较木讷，有几次向客户讲解技术方案时，都听不懂客户的实际想法。比如有一次，他们给客户讲解自动化控制系统，客户说："你们的系统确实很棒，但是不太适合我们，因为我们公司规模比较小。"其实，客户的真实想法是认为产品有些贵，能不能便宜一点？有没有适合小企业的解决方案？但是小段听不出来，就直接说了一句："既然你们用不了，那就别用了，是我选错了客户。"结果这个订单差点就丢了，最后还是老板发现了问题，亲自给客户量身定做了三个价格政策和配套方案，客户最后选择了其中一个。

这种问题怎么解决呢？以后公司变大了，业务量增加了，总不能还让老板一单一单去亲自谈吧？我们的咨询顾问找到小段，对他说："在你的团队当中，有没有特别善于跟客户打交道的人？"他说："有啊，小张就很机灵，但他的专业基础有点差。"顾问说："他的专业水平肯定没有你高，但是他肯定要比普通销售人员强一些，他有专业技术基础，又善于跟人打交道，这不就是售前工程师的最合适人选吗？"后期，我们在公司技术部设立了一个"售前工程师"的岗位，小张经过谈话、培训和内部演练之后正式上任，跟着老板和小段锻炼了几次之后，自己就能独立完成订单了。

在这个世界上，没有完美的树叶，但是有完美的森林；没有完美的个人，但是有完美的团队。中层经理在组建团队的时候，不能总是挑选那些不如自己的人。如果团队中每个人都是高人，你能够把这些高人团结起来，并且发挥团队的最大合力，那么你就是高人中的"高人"。中层经理一定要明白一个道理，管理本身也是技术，它是管理技术的技术。

拥有智慧的中层能够看到下属的强项，并善于利用下属的强项，来弥补自己的不足；拥有智慧的中层能够看到下属与自己的不同之处，并利用这些不同来弥补自己的缺陷。因为我们在一起共事的目的，不是互相看着顺眼、听着顺耳、用着顺手，而是优势互补，共同完成部门的业绩。

四、让下属行动起来

在部门当中，最尴尬的现象就是，中层经理不知道如何让下属行动起来，想说不敢说，想做也不敢做，自己很郁闷，员工也发懵。老板和其他同事也经常对这些中层说："你别总是自己干呀，应该把下属动员起来跟你一块干！"不过，说归说，做归做，有些部门经理还是一如既往的郁闷，郁闷完了就自己去干。

这是什么原因呢？这是一种心理障碍，你给下属安排工作时内心当中有障碍，不是担心自己说不明白，就是担心自己说了之后下属不行动，自己会没面子，下不了台。因此，你想说却说不出口，说出来也没有自信，导致下属听不懂，也不愿意听，时间长了，这类中层经理就形成了一个心理阴影——我还是别说了，我就自己去干吧，然后你们自己看着办吧。

看着办的结果是什么呢？刚开始，有一部分自觉的员工看到领导很辛苦，出于同情会主动去帮忙，有一部分员工则依然不行动，他们认为领导能干，最好把他们负责的事情都干了，甚至还不怀好意地给领导"加油"。久而久之，那部分主动工作的员工，一看别人都不行动，而且也没有什么处罚，也就自然而然地加入到消极怠工的行列中，整个团队就会死气沉沉，毫无执行力。

要突破这种心理障碍，主要靠中层经理准确定位自我角色——我不是普通员工，我是部门的指挥官。指挥官就是带兵打仗的人，就要向员工发出命令，就要监督员工的执行情况，做得好的要给予奖励，做得不好的就要有相应处罚。说错了还可以再改，做错了还可以再纠正，但是如果你不说不做，团队就永远不会执行，结果只能是自己一个人受累。中层经理一定要敢于喊出那句话——请大家跟我一起干！

第二节
指挥下属——驱动下属挂"四档"

角色认知坚定了，心理障碍突破了，接下来就是方法问题，如何才能让大家积极行动起来呢？作为部门的指挥官，要让下属能够行动起来，并且以积极的态度、有效的方法投入到工作中，最后取得满意的结果，通常有四个步骤，我们称之为驱动下属挂"四档"。

一、定计划，定结果，让员工清楚执行什么

根据公司的战略目标或者总经理的指令，中层经理通常要制定周、月计划，当这些计划讨论批准之后，应该回到部门及时向大家公布计划，并根据团队成员的实际情况，做好计划分解，把计划目标和业绩指标分解到团队的每个人身上，也包括自己。

如果部门比较大，还包括一些二级小部门，中层经理应当要求二级部门的主管提交周、月计划，比如大区经理应当要求各区域经理提交周、月计划，项目部经理应当要求各项目组长提交周、月计划，生产部经理要求各车间主任提交周、月计划，营运部经理要求各店长提交周、月计划等。这些计划经过审核汇总之后，就形成了本部门的计划，再上报公司总经理进行审核批准。如果计划有修改，要把修改意图和最后结果向

下属公布，如果没有修改，就要立即下发、立即执行。

当公司批准计划之后，我们回到部门做计划目标分解时，必须要得到下属的承诺，对那些不愿意承诺或者不敢承诺的下属，要做好他们的思想工作，提供相应支持，让他们发自内心地承诺所分担的工作。只有达成相互承诺，才能形成心理契约，这是我们中层经理与下属齐心协力并肩作战的精神动力。

二、给方法，给资源，让员工知道怎么执行

下属动不起来的原因有三个：一是不愿意干，二是不会干，三是干不了。

如果是不愿意干，可能有两个原因：一是给的钱不够，二是不想担责任。如果是钱的问题，首先自己要做出客观判断，公司的薪酬绩效体系是否完善合理，是否足以吸引员工，并留住那些优秀的员工？如果我们认为合理，就应该给员工讲道理、做比较，打通员工的思想障碍，让他产生工作意愿。如果我们认为不合理，可以找公司的人力资源部门或者自己的上级，一起探讨能否调整公司的薪酬绩效制度。在这个过程中，如果公司同意进行调整，我们就按照新的方案执行；如果公司不同意，我们需要再做一次员工的思想工作，如果员工依然不能接受，那就只能好说好散，决不勉强。因为态度决定一切，没有主动工作的意愿，即便他有再高的业务能力，给再多的工作支持，也都无济于事。

愿意干，但不会干，这个事情好办。我们要把自己的成功经验整理成工作流程、标准方法、案例话术、操作工具，然后拿这些方法和工具

去训练员工，提高他们的工作能力。

如果自己在某些方面也有不懂不会的情况，那就应该主动学习，或者向人请教。学习的途径很多，一种是利用公司的途径，向公司提出学习要求，请公司提供出去学习的机会，也可以提出要求，请公司派人来教。另一种就是自己学习，向书本学，向老师学，向同行学，向"对标企业"学，总之，自己先要搞懂了，才能教会别人。

愿意干，也会干，但是干不了，这就是缺乏必要的资源支持。如果中层经理自身具备提供资源的条件，或者有获得资源的能力，就应当毫无保留地提供给员工，帮助他们完成任务。如果自己没有条件，也没有获得资源的能力，就应该向公司反映情况，争取得到公司的支持。

加工零部件，手工切割速度慢、质量低，生产部经理就应该向公司申请添置自动切割机等设备，提高员工的工作效率；技术部的检测速度慢，研发项目严重拖延，技术部经理就应该向公司申请添置自动化检测设备，提高研发人员工作效率；店面陈列与橱窗设计的样式陈旧落后，不吸引客户，运营部经理就应当建议公司聘请专业设计公司，进行全方位的包装和设计，帮助店面提高客户进店率；销售人员谈判时就差"最后一公里"，销售经理可以请求老板出面，与客户方做最后的拍板，完成临门一脚……

虽然我们总说有条件要上，没有条件创造条件也要上，但是有些时候，即便我们想尽了所有方法，用尽了所有力气，有些条件和资源我们依然创造不出来，这时候就应该争取公司的支持，确保不耽误工作，确保计划如期完成。

需要注意的是，当我们向公司申请支持，特别是需要资金支持的时候，中层经理应当提交相对准确的预算及投入产出分析，对产出的结果要做出承诺。否则，公司就会不予批准或者延缓批准，因为决策者得不到承诺，就不会有投资的信心。

三、讲意义，做动员，让员工知道执行的意义

做什么，怎么做，永远代替不了"为什么做"，"为什么做"的问题搞明白了，团队才有执行的动力。最简单的工作方法，就是做好事前动员，讲清工作的目的和意义，一般工作可以做简单动员，如果是急难险重的"硬骨头"，中层经理必须要做好"战斗"动员，要讲清楚完成这个任务对我们公司意味着什么，对我们部门意味着什么，对每个员工意味着什么。

2020年3月底，国内新冠病毒肺炎疫情已基本控制，"抗疫"战斗取得决定性胜利，驰援湖北的各地医疗队开始返回，当时湖北交警接到送行任务时是怎么动员的，想必那些视频画面让大家记忆犹新。队长是这样动员的——我们是谁？某某铁骑！我们的任务是什么？护航英雄凯旋！有没有信心？有！有！有！出发！

在企业当中，虽然平时没有这么艰巨而光荣的任务需要动员，但有时也会遇到一些非常重要的工作，这时候中层经理应当对下属讲清任务的意义，增强大家的信心。

以下是一家企业的生产部经理在车间的动员讲话。

大家都知道了吧，在正常情况下这个订单应该30天完成，但是客户

只给我们20天时间，公司董事长和销售团队已经向客户做出了承诺，签订了合同。为什么我们要签下这个"艰难"的订单呢？因为对方是一家全球知名的跨国公司，第一次尝试与我们合作生产，如果我们做得好，未来的订单会很多，他们的采购价格很有竞争力，公司的利润会越来越高，我们大家的收入也会越来越多。大家说，是不是这个道理？工作已经安排完了，希望各车间主任、各班组长、各位同事，从现在开始进入20天大决战，让客户感受到我们公司的效率、信誉和品质，大家有没有信心？开始干活！

"战前"动员要做到"两讲一要"，即讲特殊性，讲意义，要承诺。讲特殊性就是把这次任务的特殊情况讲清楚，告诉下属这是一项非常艰巨的任务，让大家感到光荣。讲意义就是把完成任务对客户、公司和自身的影响讲清楚，把奋斗的收获讲清楚，让大家有工作的动力。要承诺，就是发出动员令后，要得到大家充满信心的应答，让我们彼此之间建立一个心灵契约。

四、上一线，去督战，让员工看到执行的榜样

任务明确了，方法教会了，资源给到位了，员工满怀信心上阵了，团队都行动起来了，那么剩下的时间里，中层经理就要走上一线去督战，一方面给大家鼓舞士气，一方面发现问题及时解决。

中层经理要注意把功夫下在平时，把员工训练好，要把大部分工作时间用在两个方面：一是思考下一步的工作计划，二是到现场做好检查，

防止过程出错，并通过检查与问题改进，随时提升员工的操作能力。如果遇到了重大任务，或者部门内人手不够的时候，就应当挺身而出，站在团队的前面带领大家冲锋陷阵。

2016年，我们在湖北做管理咨询的时候，就遇到了一场突如其来的洪涝灾害，企业接到汛情预警之后，紧急召开动员会，安排布置防洪抗灾工作。各部门经理受领任务之后，迅速回到各自的部门，把本部门的责任区与工作安排分解到小组和个人头上，并详细讲解了各种突发事件的处理预案，要求大家分头做好防灾检查，加固可能出现问题的设施，准备好防洪抗灾物资。暴风雨来临时，所有的高管和中层经理都深入到抗洪抢险第一线，与员工一起，不分昼夜，加班加点，并积极开展生产自救。洪灾过后，他们既保护了工厂，又快速恢复了生产，公司和客户都没有受到严重损失。

平时做训练，"战时"冲在前，这就是中层经理当好部门指挥官的最精彩表现。

第三节
不当"救火队长"——忙而不乱是高手

为什么有些中层经理在指挥部门工作或者与其他部门合作时会手忙脚乱，四处救火呢？其根本原因就是缺乏时间管理的章法。

中层经理在组织结构中处在非常特殊的位置，上连上级领导，下接部门员工，左右还要与其他部门协作，有的部门经理还有对外合作的业务，需要与客户打交道，一些计划好的事情，往往会因为突发事件而被打乱。只有掌握一套行之有效的管理时间办法，工作起来才会井然有序、从容不迫，圆满完成每天的工作任务。

一、计划内的事情，按计划办

中层经理的工作计划一般分为两种：一种是部门的周、月计划，在公司的周、月质询会上，中层经理汇报并听取各部门经理的意见，最后经过主管副总、总监或者总经理批准之后，形成本部门的工作计划。另一种计划是专项工作计划，比如市场部的促销活动计划、研发部的新产品研发计划等，这些计划如果能在一周或者一个月之内完成，就可以正常列入周、月计划；如果是跨月计划，这应该将这个专项计划再分解成若干个阶段计划，定义好过程与结果，写到月计划当中去落实。

在计划执行过程中，如果没有出现重大的、突发的或者临时的情况，就要严格按照计划去执行，不要轻易改变计划。如果发生上述情况，计划必须要修改时，也不能擅自修改计划，而应当向计划决策人说明理由，提出修改计划的申请，最后以决策人批准的新计划作为执行依据。

二、突发的事件，按预案办

在执行过程中，"计划没有变化快"的情况会时有发生。这时作为部门的指挥官，中层经理应当依据过去的经验或者可以预见的情况做好预案，当出现突发情况时，果断启动预案，指挥团队执行。

比如做户外施工的项目经理，就应该预测天气的变化，根据以往的气象记录和近期的天气预报，做好施工计划的预案。生产加工型企业的生产部长，就应当预测采购与订单的情况，做好生产预案或设备维保工作，以应对必须要完成的"插单"情况。销售经理要根据过去的成交经验，对新客户的谈判和成交做好预案，全面预想客户可能提出的要求以及我们的对策，这样在谈判当中才能游刃有余，有问必答，快速成交……

俗话说得好，不打无准备之仗。在一些重大项目或者计划执行之前，中层经理应当做好A、B两个计划，A计划是正常执行的计划，B计划就是预案。

需要强调的是，突发事件在企业管理当中虽然不可避免，但是如果一家企业的突发事件过多，"救火"的事情占到整个工作量的30%以上，那就是一个需要我们认真反思的大问题了。这可能说明我们公司的整体运营效率太低，运营管理的基础太弱，干部管理水平也比较低，此时公司就需要建立和导入运营管理体系。作为成长型企业，临时"救火"的事情占公司工作量的5%～10%是正常的，如果超过了这个比率，那就一定是我们的运营管理系统出了问题。

三、临时交办的事情，穿插着办

在已批准的计划正常执行的过程中，难免会有上级领导临时交办一些事情，这时候就应当在保证完成领导临时交办工作的前提下，尽可能做到不打乱内部的工作安排。如果必须要打乱，那就要重新申报部门计划。要让领导知道，我们完成领导安排的工作没有问题，但是临时安排的工作会影响本部门正常的工作计划，要让领导全面掌握实际情况，做好相应的调整和穿插，不能影响公司的整体目标。

当然我们也要提醒老板，不要总是给中层增加临时性工作。对于那些经常增加临时性工作的老板，就要反思自己的工作规划是否成熟，工作思路是否科学，不能想到哪说到哪，不能"老板一张嘴，中层跑断腿"，这样不仅自己的想法非常混乱，也会让公司的工作计划失去权威性和指导性。因此，老板应该拿出更多时间来运筹帷幄，精简决策，让中层能够高效率执行既定的计划。

四、下一步的事情，提前办

周、月计划可以提前制定，明天、后天的工作也需要中层经理提前思考并做好准备，能够提前办的，尽量提前办好，准备工作越充分，工作的效率就越高。

比如生产部明天增加了生产任务，那么生产部长在今天下班之前，就应当要求车间主任把明天需要的原料或者配件，送到指定位置，并要求下属完成后回复自己，或者亲自到车间检查准备情况。比如明天上午公司要接待一批重要的客人，办公室主任应当提前一天安排好接送、吃住、参观、会谈等事项，确保所有接待工作准备就绪。比如明天是休息日，也是客流高峰，店长就要安排充足的货源，调整好员工排班，并提前到岗进行检查……

还有一种情况就是两三个月之后的事情，这些工作在周、月计划当中一般不会确定，但是相应的准备工作应该从现在就着手进行，也就是提前安排或者筹备。

比如现在是2月份，公司要在5月份做校园招聘，那么人力资源部长从现在开始，就要制定校园招聘方案，联系院校确定时间，制作各种招聘所需要的资料和展板，提前准备公司领导在招聘会上的演讲稿。比如两个月之后公司要组织员工去国外旅游，行政办公室主任现在就要整理旅游攻略，制定旅游方案，提前预定酒店和机票，办理员工的护照签证，并提前发出通知，让各部门提前留出时间，安排好各自的工作。比如三个月之后公司的新设备就要入厂进行调试，那么现在就要进行清场，规划好运输与安装设备的路线、场地，准备好安装设备需要的电源等配套设施，提前组织操作工培训，以便设备到厂后，能够迅速安装、试车并投入生产……

下面我出一道题，请大家回答一下，如果你是销售部长，请问下面几项工作的先后顺序应该如何排列？

第一项，给10名业务员进行新产品知识培训，因为新产品知识欠缺的问题，已经影响到销售任务的完成。

第二项，上午约好了要接待一位来访的大客户，并有可能签订一个不错的订单。

但是你到公司之后，又出现了两个特殊事情，一是某个业务员因为家里的特殊情况而提出辞职，这位销售员还是部门的业务骨干；二是总经理打电话说有一位客户投诉售后服务，希望能把这件事情处埋好。

如果你是销售部长，请你排列出处理这四件事情的前后顺序，最好有具体的操作方法，参考答案将在本书后边的章节中公布。

第三章

业务的检查官
——70%的时间做检查

中层经理能够按照公司的战略，动员和带领下属去执行，就是当好了"战略的执行官"和"部门的指挥官"。但是为什么有的部门执行效率不高呢？因为员工经常出错；为什么员工会经常出错呢？因为中层没有做好过程检查；为什么中层要做检查？通过检查可以防止不良结果的出现，通过检查可以提高员工的工作能力，通过检查可以让自己的工作变得更轻松，通过检查也可以反思和改进自己的工作。因此，"硬核中层"的第三个角色修炼是如何当好"业务的检查官"。

第一节
检查官的心态——检查不是处罚员工

为什么做了检查还会出错呢？为什么检查的时候，员工会有抵触情绪呢？这不是检查方法的问题，是检查心态的问题。在中层经理实施检查的心态方面经常出现两个问题：第一个问题是不敢检查，怕得罪人，甚至借助检查的机会去讨好员工；第二个问题就是检查时态度蛮横，试图通过检查去打压员工，树立自己的"权威"。

一、人性有弱点，需要被提醒

为什么要做检查？因为人性当中都有弱点，懒惰、自私、不负责任、马虎、自以为是等都是人性的弱点，而这些弱点都会导致我们的产品和服务出现瑕疵，甚至酿成重大失误。当然人就是人，不是神，人总会有弱点，人总会出错，但是商业的悖论就是"人容易出错，而客户不允许我们出错"。要想解决这个矛盾，必须通过过程检查，将问题消灭在萌芽当中，而不至于出现在客户端，这就是检查的意义。

既然人性有弱点，既然人会出错，既然客户不允许我们出错，那么中层经理就应当对下属工作过程中的关键节点进行检查，这种检查的主要方式不是批评和罚款，而是提醒。所谓提醒就是"闹钟原理"，有的人经常贪睡不能早起，但又必须早起去工作或者上学，那么就要给自己设置一个闹钟。时间一到闹钟就响，如果你按下了闹铃暂时不响，但是过一分钟之后又会响起，这是根据人体生物钟而设定的提醒机制。生物学研究表明每隔一分钟响一次，连响三次，人基本上就睡不着了，就不得不起床。中层经理做检查，就是做员工的"闹钟"，在工作的关键节点上不断提醒员工，按照标准去操作，不要出现错误，以免引起返工，不要浪费时间、增加成本，或者引起客户的不满。

当我们的中层经理理解了人性有弱点这个道理，知道通过检查可以屏蔽人性弱点以后，检查工作的心态就会变得很淡定，就会认为这是一件非常正常的事情，就不会感到难为情。

二、不是领导让我检查，而是我的职责让我检查

我们经常听到中层经理检查员工时会说一句话："兄弟们，实在不好意思啊，领导让我过来看一看。"这是什么意思呢？这句话的潜台词就是：我本人并不想来检查，但是领导让我来，我被逼无奈才来的。这种心态显然是不正确的，到底是谁让你来检查的，你的检查给大家造成麻烦了吗？

从本质上讲，企业内部的关系都是契约关系，包括中层领导和老板之间的关系。老板向中层经理授予权力，提供必要的管理资源和工作条件，并发放约定好的报酬；中层经理向老板承诺应当承担的责任，并用自己的工作业绩换取应得的报酬。什么叫契约精神？说得通俗一点就是"拿人钱财，替人消灾"。中层经理做检查不是领导让你去的，而是你的职责让你去的，当好检查官，做好过程检查，防止出现问题，提高员工操作能力，满足客户需求，这是中层经理应尽的职责。

比如说，生产经理就应该抽出时间到车间去检查员工的加工操作，如果发现员工没有按照工艺标准执行，或者操作不符合规范，就应该要求班组长做好现场改进，以防止出现生产效率低或者产品不合格等问题。比如说，项目经理就应该到施工工地进行检查，如果发现技术或者质量问题，应当要求技术员现场改正；如果发现进度拖延问题，就应当要求施工员把乙方找来，研究措施，及时改进；如果发现原材料采购不及时等问题，就应当把材料员找来，问清原因，给出方法，提出要求，马上进行改进……

是否做检查，与领导是否安排没有关系，与中层经理的职责有关系。我们要通过检查，防止过程出现问题，防止增加运营成本，防止不合格

产品引起客户的不满，同时通过检查和个案分析，提高员工的操作能力，而且"现场、现物、现时"的管理方式，本来就是精益生产的精髓。

三、过程控制好，结果必然好

我们经常看到，有些中层经理在开会的时候对着员工大喊："我只要结果，不管过程！"这种话不是所有人都能喊的，在公司中只有一种人可以说这样的话，那就是纯粹的股东，他们只负责投资，不管公司的具体事务。即便是老板，也不一定能说这种话，因为有些老板是纯粹的股东，有些老板还要分管公司的某些具体事务，那么作为负责某项具体工作的中层经理就更不能说这种话了。

中层经理应该喊什么呢？他应该喊："我要结果，但我更关注过程。过程好，结果才会好。没有过程的结果，做好了也是撞大运，做不好是必然，执行计划不能靠撞大运。"这样的中层经理才算是真正理解了运营和执行的基本道理，运营就是过程管理，是从计划到结果的过程管理，好的结果都是设计出来的，是依照流程一步一步做出来的，是依靠风险管控管出来的。

有一位业务员去拜访客户，结果空手而归，没有谈成订单。回来之后，销售经理拿出流程与他进行了一次拜访复盘，结果发现他漏掉了中间的一个过程节点，就是没有"约定好决策人或者授权人"。销售经理给他重新讲解了这个流程节点的真正意义，也就是"只有找对人，才能办对事"，跟说了不算的人谈合同，就是浪费时间。这个业务员既服气又不服气，服气的是他认为销售经理说的有道理，不服气的是为什么同样是业务员，小王坐在办公室里打几个电话，客户就会跟他签单。销售经理告诉他："小王曾经把我们所说的流程走了无数遍，之所以今天坐在办公室打电话就能成交，就是因为他前期无数次正确地执行了流程，积累了大量优质客户，这是他把所有过程都执行好的必然结果。"

一个强大的执行团队，一定是有人做决策，有人做监督，有人做执行。中层经理，面对老板的决策就是执行官，面对员工的操作就是检查官，检查官就是依照我们的制度、计划、流程和标准，检查各项工作的操作过程，特别是要盯紧关键节点，把过程管控好了，结果自然好。

四、检查别人就是改进自己

当我们在检查过程中发现了问题、解决了问题之后，应当坐下来，静静地反思一下，员工出现的问题与自己有什么关系？在领导力理论当中，有一个非常重要的理念——"员工出了错，都是领导的错"，表面上看是员工出现的错误，其实是我们自身问题的一种表现。如果我们中层经理都有这种反思的心态，那我们对检查的认识，对管理的认识，对自我成长的认识就进入了一个新的境界。

我们在给一家保健品营销公司做咨询的时候，就发现了一个问题。这家公司特别重视培训，公司有内部培训师，几乎每天都要给员工上课，员工每天都激情振奋，口号震天。他们给员工的业绩提成比例也很高，上千名业务代表当中已经出现了几位千万富翁。我们却发现大多数员工的业绩提升速度很慢，而且一线业务员的流失率非常高。为什么公司花了这么大的力气培养员工，公司也舍得给员工分享财富，但是结果却不尽如人意呢？营销总监百思不得其解。

我们给营销总监抛出了两个问题请他反思。第一个问题，我们培训的目的是什么？培训的内容、手段和培训的目的是否一致？第二个问题，那些优秀员工的成功经验，是否变成了普通员工都能够驾轻就熟的流程与方法？

这位营销总监做了自我反思，得出了结论。第一，我们的培训内容和方法都是以成功学为基础，以帮助员工成就创富梦想为主要内容，告诉员工平凡的人只要有梦想，就会成就非凡的人生，但是这种培训只能激发出员工追求成功的激情与梦想，而没有向员工提供实现梦想的方法与途径。第二，我们也把那些"千万富翁"业务员的案例与经验进行了总结，形成了自己的"葵花宝典"，但是这些方法都散落在案例当中，没有系统地梳理，没有科学地总结，也没有在普通场景中做好延伸，导致所谓的"宝典"不适合普通的业务人员，特别是刚刚入门的员工，显得有些不接地气。

问题找对了，那么这些问题背后的原因又是什么呢？营销总监又进一步反思了自己，他认为自己就是这样的人，相信梦想总会成真，相信榜样的力量是无穷的，相信只有这些"高大上"的东西才能显示出自己的层次，这已经形成了自己的思维定势。我们又进一步往下挖掘思想根源，为什么会形成这种思维定势呢？营销总监又进一步做了自我反思，最后找到了自己最深层次的认知问题——搞营销就是"一将功成万骨枯"，成功只是少数人的，而不是多数人的；员工每天来来走走，在这个行业当中非常正常；自己每天都沉浸在创富的兴奋和自我陶醉当中，在内心当中不愿意下细功夫去帮助员工，归根结底就是对员工缺乏真正的爱心和耐心。

自己的问题找到了、找准了，这位营销总监提出了"打通最后一公里"的员工训练计划。他把高深的产品功能说明，变成了让员工一讲就明白、让客户一听就懂的简单话术；把"千万富翁"的致富经验，转变成了普通员工可以操作的流程和标准；把激发梦想的培训，变成了营销话术与流程的现场模拟训练和考核；把让千百个员工富起来的大目标，变成了先让几个示范员工成功的小目标，并亲自与这几个示范员工一起跑客户。这几位示范员工成功后，每个人又负责复制10名员工，这样既有面上的培养，又有点上的裂变，半年之后，销售业绩同比增长了120%，员工流失率下降了15%，公司的文化和内部风气也发生了巨大变化，有激情更有方法，有经验更有流程，有个人成功更有团队成长。

一切根源在于我。中层经理通过检查，应当把员工的问题当成一面镜子照一照自己，而不是一味地说员工的不好、领导的不好、同事的不好、客户的不好。当一个人回归自己内心的时候，当一个人能够真正透视自己灵魂的时候，这个问题已经解决了一半，剩下的一半就是有效的方法与果断的行动。

第二节
检查官的原则——检查就要出结果

如何做好检查官呢？有一些基本的原则必须遵循，这些基本原则就是做好检查的思想指南和行为准则,也是一位中层经理应具备的职业素养与管理素质。当我们在检查过程中产生自我矛盾无法权衡利弊的时候,与他人发生争议一时说服不了对方的时候,应当用这些原则作为判断的依据。

一、授权有多大,检查有多严,下属或者其他部门不犯错误是底线

信任的力量是伟大的,对下属的充分信任是员工自觉执行的精神源泉。充分授权是管理的基本手段,充分授权可以让员工快速的自我决策,但是任何事情都有底线,都不能过度。和谐文化要求我们不能用信任替代检查,相信谁就要检查谁,授权有多大,检查就要有多严,小错误可以犯,试错可以包容,底线错误绝对不能犯,否则就失去了公司存在的真正意义。

公司存在的意义是为客户创造价值,为了实现客户价值,必须为客户提供满意的产品和服务,而满意的产品和服务是通过我们团队的执行行动创造出来的。在创造的过程中允许出错,甚至在某些创新领域还要鼓励员工试错,但是在客户端不能出错。如果出了小错,我们可以通过赔礼道歉等方式弥补,但是如果出了大错,出了严重损害公司和客户利益的错误,我们将无法挽回。不要指望客户会原谅我们所有的错误行为,即便是合作多年的感情深厚的客户,如果伤害了他们的切身利益,客户也会立即离我们而去,甚至会要求我们赔偿损失。这就是既要充分授权,又要做好严格管控的根本原因。

刚才说到的那家保健品销售公司就出现了这样一件事情，公司对业务员有促销价格的规定，其中某大区的一个业务员为了完成销售量，在促销期已过的前提下，与一位客户以促销价成交，并擅自篡改了销售记录，还叮嘱这个客户要替自己保密。结果这个客户又找到另一个大区的业务员，要求以更低的价格购买，这个大区的经理立即将情况反馈给公司市场部。当这位员工的上司找到他的时候，这位员工还觉得自己上当受骗了，还在说客户言而无信，而且他愿意补偿公司因为降价销售而造成的损失。

大区经理语重心长地对这位业务员说："我可以理解你想提高销量业绩的心情，愿意自己掏钱弥补公司的损失，也说明你能够承担责任，但是你还没有认识到这件事的危害性。你一个人违反价格政策以后，就会让客户觉得我们的政策有漏洞可钻，就会提出更低的价格，或者提出其他的不合理要求，从而造成连锁反应。如果这个客户把消息透露给其他客户，一传十，十传百，我们的控价体系就会崩溃，我们的产品形象也会毁于一旦。促销的目的是增加产品的知名度，扩大市场份额，但是不能长期搞，否则公司将无利可言。另外，你还擅自篡改了销售记录，这种行为有背职业道德，这比你损失多少钱都更严重，一个人的人品将决定他的一生。"

当然在公司的会议上，这位大区经理也做了自我检讨，看到了自己身上存在的检查工作不细等问题：对员工过于信任，忽视了检查工作的重要性，没有注意到销售时间和价格记录方面的异常情况，没有及时发现问题，给公司和员工都造成了不良影响。

什么是大错？什么是小错？对于这两个问题，有些时候中层经理的理解和员工是不一样的。什么样的人可以相信？什么样的人不可以相信？中层经理和员工的人生经验也是不一样的。中层经理必须要经常提醒员工不要犯常识性错误，同时也要不断提醒自己，授权之后要有更加严格的监控，不能用信任代替检查。

二、70%的时间用在检查上，以防止出现错误再返工

每一位中层经理都要评估一下自己目前的工作时间占比，大部分工作时间是用在检查上了，还是用在具体事务上了？如果一位中层经理70%的时间用在检查上，他就是一位优秀的中层；如果70%的时间忙于自己的具体事务，而团队处于无事可做，或者经常出错、反复纠错的状况之中，就说明他还是一位不会带团队的"超级员工"。

为什么团队的工作效率低下？因为中层经理没有在执行过程中做好检查，没有在执行过程当中发现问题，更没有及时纠正和改进，直到事情结束时才发现了错误，回过头来又开始纠错、返工，下属的工作没有完成好，又打乱了自己的工作进度，这种顾此失彼的工作方式，必然导致部门的工作效率低下。

为什么有的中层经理做不到用70%的时间做检查呢？因为他没有做好两个前提性工作：一是没有将工作任务和指标具体分解到下属头上，也就是没有做好计划和责任分解，下属不知道该做什么，或者不知道标准要求是什么；二是没有训练下属提高工作能力，没有让他们掌握工作流程和方法，下属不知道怎么去做。只有这两项工作做好之后，中层经理才有时间和精力，去检查下属的工作过程。

有的中层经理会说，如果我把时间和精力放到给员工安排工作和训练能力上，就没有时间去完成繁重和紧迫的工作任务。这是一个客观现实，如何扭转这种被动局面呢？需要采取一种逐步改变工作时间占比的工作方式：第一步，当团队的能力还不够强的时候，中层经理可以把70%的时间用在自己做业务上，以保证完成部门业绩，但必须拿出30%的时间给员工安排工作和训练员工能力。第二步，当员工的能力有所提升的时候，自己做业务和检查员工工作的时间各占50%。第三步，当员工的能力再次提升的时候，30%的时间自己做业务，70%的时间用在检查下属工作上。无论这个转变过程需要多长时间，中层经理都必须去做，否则我们将永远陷入"自己忙得要命，而员工无事可做，或者经常出错、返工"的尴尬局面。

如何才能缩短培养员工能力的时间呢？最有效的方法就是从经验型管理转变成流程化管理，把自己成功的工作经验转化成流程、标准、方法和工具，然后复制给员工，复制的成本是最低的，效率是最高的。做流程，做训练，肯定会多花一些时间和精力，但是总比"口传心授"的工作方法要省力很多，总比自己忙于纠错的工作状态轻松很多。

客观上讲，有一些重要的工作是员工无法完成的，需要部门经理亲自操刀，这部分工作应当占用中层经理30%的时间，剩下70%的时间应该用在对下属的检查上，在检查过程当中发现问题、及时纠正，同时思考以后如何才能不再犯相同的错误，思考下一步的工作计划，这种工作状态才是中层经理效率最高的工作状态。

三、检查必须一追到底，从自身、部门、员工三个方面找原因，要有改进的结果

要么别做检查，要么发现问题就一追到底，否则我们花了很多时间和精力，却一错再错，然后我们会用更多的时间和精力，再去弥补那些接二连三的错误，在"检查出错，出错再检查"的恶性循坏当中，浪费了我们的宝贵的时间。

有了检查还出问题，很大一部分原因就是检查流于形式、走过场，做样子给上级领导看，做样子给员工看，甚至个别中层经理跟员工"合谋"应付上级，然后以侥幸之心期待千万不要出事。这是一种非常不好的职业习惯，因为做管理、做结果、做业绩，不能糊弄他人，更不能糊弄自己。该发生的事情总会发生，任何人都绕不过去，不出问题是侥幸，出了问题是必然。只有老老实实、认认真真，按照标准流程和公司的规定去做检查，发现问题后一追到底，不断进行整改，达到公司和客户的要求，不达目的就不罢休，这才是检查的意义所在。同时还要学会举一反三，避免相同的错误再次出现，这样才能够摆脱"检查出错，出错再检查"的恶性循环。与其每天生活在担心和侥幸当中，不如多花点力气，把检查执行到位，让自己的身心得以放松。

在2020年抗击新冠肺炎疫情期间，出现了一些大家都很关注的事情。2020年3月5日早上，中央指导组在武汉市青山区翠园社区开元公馆小区考察时，有居民从家里的窗户向正在考察的中央指导组人员喊："假的，假的……"原来是社区物业假装让志愿者送菜送肉给业主，摆出样子给领导看，实际上平时工作没有做到位，引起广大居民的不满。

这个问题其实早已出现，但是物业公司的领导没有对送菜送肉工作进行检查，更没有发现问题及时整改，等领导来检查的时候才开始急忙应付摆样子，这是典型的形式主义走过场。他们本想欺上瞒下，结果居民的一声呐喊，让一切都露馅了。

社会公共事务管理如此，企业管理也一样。产品质量需要检查，安全生产需要检查，设备运行需要检查，客户服务需要检查，应收账款需要检查，库存盘点需要检查，售后服务需要检查，研发测试需要检查，采购来料需要检查……我们的检查需要时时进行，无处不在，中层经理管理职责的一项最重要的任务就是做好检查，不是检查下属，就是检查其他部门。检查不是给别人看的，检查是为了发现问题，及时改进，防止错误发生。没有发现问题，一切正常最好。如果发现问题，绝不可以掉以轻心，要立即采取行动——分析原因，查找自身、下属和部门方面的原因，然后快速制定措施，一追到底，直到彻底整改达标。

四、检查的结果是什么？不再出现同样的问题

检查的结果是什么呢？有的中层经理说我检查过了，也整改达标了，这个检查就结束了，这是对检查结果的理解出现了偏差。检查的结果不仅是整改达标，更重要的是以后不能出现相同的问题。

怎么才能不出现相同的问题？一是在总结的时候，要讲清问题发生的原因和带来的危害，以及问题带给我们的启示和教训，引起责任人的高度重视，为杜绝类似问题打下坚实的思想基础；二是要在机制方面查找漏洞，看看是标准不清、流程不明，还是方法不当？哪里出现问题就

在哪里补上；三是用完善后的标准、流程和方法，再重新操作一遍，让执行人认识到只有这样操作，相同的错误才不会再发生，时间长了就会养成习惯，相同错误的发生率就会大大降低，甚至会杜绝。

第三节
检查官的操作流程——业务检查"七步走"

端正了检查的心态，掌握了检查的原则，接下来作为检查官就应该学会检查的方式方法。检查的方式方法，主要是指我们的检查标准、流程以及操作工具，如果有国际标准、国家标准和行业标准，我们就应该按照这些标准严格执行；如果这些标准不够详细，或者带有指导性，我们就要总结和提炼自己的检查标准、流程和工具。从提升企业核心竞争力的战略角度来讲，公司的标准一般要高于通用标准和客户的要求。检查工作非常复杂，也非常专业，不同的检查有不同的标准程序和方法，如果公司缺乏这些专业化的检查机制和方法，可以借鉴我们下边介绍的通行做法，也就是我们在"5i运营管理体系"里边讲到的业务检查"七步走"。

一、发现问题——检查的起点

为什么有的中层经理在检查过程中能发现问题，有的中层却发现不了呢？能否发现问题，取决于主客观两个条件。主观条件就是要有责任心和专业的知识、经验，客观条件就是工作计划和工作标准。责任心让一个人愿意去发现问题，工作经验让一个人能够快速发现问题，工作计划可以判断进度，工作标准可以判断对错。

有一家公司的财务经理，收到了总经理批准的采购付款申请单，按照正常的工作流程，既然总经理批准了，而且款项和用途都正确，直接付款就可以了，但是这位财务经理还是把采购合同拿出来进行了一次核对。核对后发现了两个问题，一是合同上的供应商名称和申请单上的收款单位名称不一致，二是合同上签订的首付金额为30%，而付款单上的金额是35%，于是她向总经理做了汇报，总经理请她与采购部经理进行核对。经过核对，反馈情况如下：收款单位是供应商的下属子公司，首付提高到35%是签订合同后，与对方的口头约定。于是财务经理要求采购部经理，要么在合同上换成收款单位的名称，要么付款申请单上维持原合同上的供应商名称，要么让对方出据这两家公司隶属关系的法律证明作为合同备案，同时要求采购部经理向总经理请示首付35%是否可以，总经理签字同意以后，财务再办理付款。

这个问题发生之后，总经理表示要严肃处理采购部，认为他们隐瞒事实，欺骗领导，但是财务部经理认为这个问题不属于恶意所为，属于没有工作经验和法律常识，应该以警告和批评教育为主，并给采购部进行了一次采购合同以及付款规则的专题培训，同时要求采购部重新提交《采购管理制度》修订版，增加了合同供应商名称与付款单名称一致，以及口头商定之后必须以补充协议形式载明等规定，这件事情就这样圆满地处理完了。

如果财务经理没有责任心，没有一定的法律知识和财务工作经验，就不会发现这个问题。因此，中层经理在每天繁忙的业务当中，对于那些容易出问题的环节，要有警觉之心，如果把握不准，就应当不厌其烦地进行核对。核对工作需要我们付出一定的时间和精力，但是如果出现了重大的错误，我们弥补这个错误将会付出更多的时间和精力，甚至会给公司造成不可挽回的损失。

检查的起点就是发现问题，然后判断问题的性质和严重程度，分析问题的产生原因，以便采取正确的解决措施和方案。

二、分析原因——检查的关键

为什么已经纠正过的问题，之后还会接二连三地出现呢？原因就是我们有些中层经理不太善于分析原因，出了问题就直接改进，表面上改好以后就过去了。分析原因的目的有两个，一是便于有针对性地采取改进措施，二是形成集体记忆，再出现类似的问题时，我们就有现成的解决思路与方案。

分析原因有两个要求，第一个要求是全面性，第二个要求是根本性。所谓全面性，就是要把原因找全，不能遗漏；所谓根本性，就是要透过现象看本质，找到问题的真正原因。

比如某家生产企业连续出现了三批不合格产品，质量管理的归口部门是质检部，质检部经理首先要列出出现质量问题的所有原因，并逐一查实，其中包括销售部与客户签订合同时有没有明确产品标准；技术部是否确认了客户要求的标准，制作的图纸或者工艺是否有误；质检部的检查标准和方法是否明确；生产部对图纸、工艺和质检标准是否已经确认，并严格遵照执行，生产计划安排是否合理；采购部是否按照标准、规格和数量进行了采购。

质检部经理排查之后发现了三个问题，一是销售部与客户确认产品标准时，有一项参数比较含糊，双方产生误解；二是采购原料有2%不合格，质检部和生产部没有检测出问题；三是生产部员工没有按照工艺标准进行操作。这就是检查的全面性得到了落实。

接下来要分析这些问题产生的根本原因是什么？通过现场核实和质量分析会，大家得出了如下结论：（1）由于销售部对技术问题把握不准，导致对客户标准的理解出现误差。（2）由于质检部抽检原料比例太少，生产部也没有进行产前检查，导致不合格原料流向生产端。（3）由于生产部没有对员工进行新工艺标准与操作培训与考核，导致员工操作有误。这就是检查的根本性得到了落实。

查找根本原因，最重要的方法就是"刨根问底"，就是"打掉枝叶看主干，透过现象看本质"，透过表面原因看背后的原因，不断查找下去，直到找到真正原因。只有把根本原因找到了，我们的措施才会具有针对性，实施起来才会具有实效性。

三、制定方案——检查的依据

原因找到了，中层经理就应当针对原因制定改进方案。如果是部门内部问题，就由部门经理组织制定；如果是涉及两个以上部门合作完成的事情，由归口部门经理组织相关部门讨论制定。改进方案要根据问题原因的复杂程度来制定，可以是成套的方案，也可以是简单的措施，但必须是有针对性的、切实可行的，切记不能做表面文章和过多的理论阐述，责任部门拿过来就可以操作，操作之后马上能够见到实际效果。

接着上述案例往下讲。质检部经理应该在组织相关部门讨论确认之后，提出改进方案，内容包括：（1）要求销售部立即与客户沟通，三天之内为客户补货，请客户发回不合格品，并向客户赔礼道歉。（2）修订《生产订单管理流程》，先由技术部与客户确认产品技术标准，再由销售部与客户商定商务条款。（3）在产品检验流程与标准当中，抽检原料比例从30%提高到50%，增加生产部产前原料质检工序，不合格品由质检部判断后立即下线。（4）要求采购部向供应商提出改进原材料质量的要求，并在采购合同当中增加质量问题的违约赔偿条款，要求供应商下次提供合同标的102%的供应量，如果供应商不能做出相关承诺，请采购部重新开发合格供应商。（5）要求技术部对出问题的相关工序岗位员工进行工艺操作培训与考核，质检部进行确认，生产部严格执行考核合格上岗规定，若判断人手不够，应提请人力资源部进行招聘补员。

既然是措施，就不是原则性指令，类似于"王部长，你去把供应商搞定；刘部长，检验的问题就靠你了；李部长，客户那边的事情由你负责"等说法，都是原则性指令，改进措施必须做到结果清楚，切实可行，能够落地。

四、下达整改——检查的指令

将以上改进措施，再加上时间期限和结果标准，由归口部门经理整理后下发整改通知书，并由负责整改的部门经理签字，进入整改阶段。

接着说上述这个案例，质检部经理应当这样下达整改通知书：

（1）销售部。请你部于4月19号之前发出道歉信，并确认客户的邮件回复。4月20号之前，向客户发送15件合格产品，见OA系统中的《出库单》和《客户验收回执单》。4月28号之前，请客户发回15件不合格品，见《入库单》。以上整改事项由质检部、生产部配合。

（2）销售部。请你部于4月20号之前，提交《生产订单管理流程》修订版，增加技术部与客户进行技术标准确认的流程节点，去掉销售部与客户确认技术标准的环节，该流程经技术部签字确认、总经理批准之后，在公司OA中公告，正式执行。

（3）质检部。我部承诺于4月20号之前，修订《产品质量检验流程》，将抽检比例从30%提高到50%，并在检验流程当中增加生产前检查工序，发现不合格原料时，由质检部确认后下线，由采购部退给供应商。该流程经生产部、采购部经理签字确认，总经理批准后，在公司OA中公告，正式执行。

（4）采购部。请你部于4月20日前修改《采购供应合同》，增加不合格品赔偿条款与费用承担，报总经理审批通过之后，下发采购部执行。

（5）采购部。请你部在下一批采购订单当中，在价格和款项不变的前提下，要求供应商提供102%的原料，采购合同经生产部、财务部、总经理签字之后执行，并在OA中公告。

（6）技术部。请你部于4月22日之前，对生产部出问题的相关工序岗位员工进行新工艺标准培训和现场考核，考核组织工作由生产部经理负责，考核结果由质检部验证，不合格员工可以补考一次，并公布考核评分表。补考不合格者，由生产部提交人力资源部予以劝退，并由人力资源部三日内招聘合格的员工。

以上工作请各部门经理列入各自的周、月计划，进入业绩考核。

如果是比较简单或者比较小的问题改进，用会议纪要，或者口头通知也可以，但是必须明确整改的事项、完成时间和责任人，并要求公示整改结果。如果是比较大的事件，就要下达书面的整改通知书。不管是什么形式，下达整改是检查当中特别重要的一个环节，必须有所动作。否则，有的企业是会开了，措施也定了，但是没有明确的整改通知，每个人对会议内容的理解不一样，检查人也不知道如何跟踪检查，各部门配合也没有信息共享，各干各的，最后整改的结果一定不会理想。

五、跟踪复核——检查的过程

很多中层经理下达了整改指令之后就不管了，直接等待最后的结果，如果最后结果达到了我们的整改时间和标准要求还好，但通常会出现没有达到整改要求的情况。这个问题的出现，是因为在指令下达之后，我们没有进行跟踪复核。

所谓跟踪复核，就是依据整改通知，由归口责任人对各部门的整改情况进行过程检查，发现问题后要再次提出更详细的整改要求，然后再复核。一句话，就是要紧盯结果不放松，直到符合最后检验的标准。

比如在上面的案例当中，整改通知第五项是要求技术部在4月22日前对出问题的和关工序岗位员工进行工艺操作培训与考核，由质检部进行确认。结果质检部在4月21日询问培训准备情况时，发现技术部只编写了培训课件，没有做培训试讲，没有结合现场条件进行准备，明天的培训效果可能会打折扣，那么就应当要求技术部经理在今天下午3点之前进行一次30分钟的试讲，3点半到培训现场，检查培训准备是否完成，这就是跟踪复核。

值得注意的是，检查人应当将过程检查复核的进展情况，包括合格和不合格的情况，以及整改要求，每天或者定时进行内部公告，以便让我们负责整改工作的团队随时随地知道各项工作的进展情况，并主动采取行动，配合其他部门做好整改。同时这些公告也会提醒大家，整改过程是受控的，如果出现问题，将随时要求再次整改，只有这样我们的检查复核才会有序高效地开展。

六、公告结果——检查的结案

负责整改的各部门经理应该主动公告整改结果，由整改的归口部门经理组织最后的验收，如果都达标了，归口部门经理应当做结案公告；如果整改的事项不是同时完成的，可以完成一项，公告一项；如果整改事项可以同时完成或在近几天内完成，可以一并公告，其目的就是要告诉各部门整改结果，便于部门之间相互配合和衔接，同时要让总经理等高层领导知道最后的整改情况，让他们放下心来。

七、完善标准——检查的结果

通常我们会认为完成了第六步，公告了整改的最终结果，检查整改工作就结束了，其实还没有结束。特别是在我们分析原因的过程中，发现制度、标准、流程有漏洞，或者管理工具不完善，就要在整改公告之后，组织相关部门再开一次总结会。总结会的目的就是举一反三，扩大问题和漏洞的查找范围，除了在整改过程当中已经完善的制度标准之外，为了防止相同或相近错误的再次出现，是否还需要在制度标准方面进行新的完善，以做到防患于未然。另外，我们在整改过程中修改了一些制度标准，那么一些配套的制度标准是否也需要做出相应调整。如果需要修改，也要责成归口管理部门限期完成，并提交修订版。到这里，整个检查的"七步走"流程才真正完成。请中层经理们对照一下，我们平时的检查工作，到底走了几步？

　　树立正确的检查心态，掌握正确的检查原则，学会正确的检查方法，是中层经理当好"业务检查官"的必修课。作为公司的董事长、总经理，他们没有更多的时间和精力去检查那么具体的工作，只有靠我们中层经理按照专业归口和部门职能划分，做好纵向的部门内部检查和横向的部门之间的检查，我们的企业才会少犯错误，我们要永远记住一个原则——少犯错误，才是最快的速度。

第四章

团队的教练员
——培养出无数个优秀的你

什么样的中层经理最有价值？是教练型中层。硬核不硬核，"训练+考核"，教练型中层的使命就是通过训练和考核，培养出无数个优秀的员工，通过训练提升团队的能力，通过成就他人从而成就自己，这是新时代领导力最重要的表现。因此，"硬核中层"的第四个角色就是当好"团队的教练员"。

什么是教练？简单地说就是培养人的人。教练和教师的不同之处在于，教师是通过传递知识来培养人，而教练不仅要传递知识，还要训练人的能力；教师培养人的结果是学生懂了，教练培养人的结果是队员会做了；学生到底懂不懂要看考试的成绩，队员会不会做要看比赛的结果。

什么是教练型中层？就是那些能够把自己的成功经验变成操作流程和标准，通过一定的训练手段，把自己的能力复制给员工，让员工胜任岗位的要求，并完成业绩目标的中层经理。

从成长型企业管理人员队伍现状来看，大部分中层是"大侠"，大侠的特点是武艺超群，独来独往，不训练团队。因此，近些年来我们在企业中做管理咨询的时候，重点是训练中层经理，训练的目的就是提升他们"带团队、做管理"的意识和能力。我们提出的"从大侠变教练"，已经成为许多企业干部队伍建设的新口号、新目标。

第一节
教练员的价值——给队员的四个结果

什么是优秀的教练员？教练员的真正价值在哪里？优秀的中层经理，不仅要教会员工做事，更要教会员工做人，不仅要教会员工专业技能，更要帮助员工调整好职业心态，所以我们对新时代中层经理的要求是全方位的。

一、培养优秀的品质：教给员工做人的道理

先教做人，再教做事，这是教练型中层的首要任务。要通过自己的言传身教，去提升员工的思想道德水准，教会员工为人要做到诚实、善良、正直和勤奋，帮助那些品行有问题的员工改掉说谎、自私、懒惰等不良习气，先做一个堂堂正正的人，再去做事，这是员工们一生安身立命之本。

有一家公司是承接木质别墅工程的建筑企业，有一天项目经理到工地检查施工质量，发现一个木工在钉钉子的时候，没有按照工艺标准相隔六厘米钉一个钉子，而是相隔七厘米钉一个钉子。于是他把员工叫来询问："工艺要求的间隔是多少？"员工答："我知道是六厘米。""那你为什么还要间隔七厘米钉一个钉子？"员工嬉皮笑脸地说："这不是能给公

司省几个钉子吗？"项目经理又问："公司与客户签了合同，客户给了我们钱，你却少了几个钉子，这是什么性质的问题？"员工还是满不在乎地说："听你的意思，我省了几个钉子，却成了诈骗？"项目经理说："诈骗还谈不上，但至少是不诚实。"员工还在为自己的行为狡辩："领导，油漆刷上去以后，谁会知道啊？"项目经理说："我们的保质期是70年，几十年之后油漆脱落了，到时候人家就会知道我们是靠投机取巧挣钱的企业，而且这个世界上就没有不透风的墙。"员工马上说："领导别开玩笑了，几十年之后咱们都不在了，管那么多干什么？"项目经理说："这跟我们在不在没有关系，这体现的是我们的人品，而人品就会决定产品。"员工无语，马上整改并交了罚款。

这个项目经理在干什么呢？他在教员工怎么做人，要做一个诚实的人，一个有良知的人。什么是良知？就是一种天生的善良和自我道德约束。中国人常说，头上三尺有神明，这个"神明"就是我们做人的良知。良知人人都有，与生俱来，只是随着岁月蹉跎和红尘浸染，一些人的良知蒙上了灰尘。教练型中层首先要做的就是帮助员工洗去这些灰尘，回归人的善良天性，也就是先教做人，再教做事。

风气好不好，关键看领导；部门行不行，关键看品行。如果公司越来越大，普通员工是很难接近老板的，即便是感受到公司和老板的文化，也觉得与自己相距遥远。但是部门经理就不同了，员工每天在部门经理的手下工作，部门经理的人格品行，对员工产生着潜移默化的影响，从某种程度上讲，有什么样品格的中层，就有什么样品格的员工。

如果部门领导信守承诺，下边的员工就会言必行，行必果；如果部门领导工作认真勤奋，下面的员工就会做事严谨，绝不偷懒；如果部门领导秉持公正，心胸坦荡，下边的员工就会做事有原则，有错不隐瞒；如果部门领导为人善良，替他人着想，下边的员工就会互帮互助，善待他人。

一家公司的文化是由创始人倡导和传播的，但能否传播到基层，变成普通员工的自觉意识，中层经理起着承上启下的重要作用。在职场当中有这样一句话——员工因为公司而来，却因为干部而走。什么意思呢？员工对公司的信誉、地位、效益和收入都很满意，愿意来公司上班，但上班之后却发现自己顶头上司的言行不尽如人意，甚至在品格方面有很缺陷，那么他就会选择辞职走人。

一个大学生刚刚入职报到，部门经理就阴阳怪气地对他说："你一个大学生来我们这么一家小公司，是不是有些大材小用了？咱们这个地方穷乡僻壤，能留住你这个'大神'吗？你看我在这工作十几年了，还是这个穷酸样。"两句话就把这位大学生员工说走了。说轻一点，这位中层经理的个人素养太低，说严重一点，这位中层经理的人品道德有问题。我们在这家公司做管理咨询的时候，建立了一个员工离职谈话机制，公司才发现了这个中层经理的问题。公司老板非常生气，想把这个中层经理辞退，我们的老师建议先找他谈一次话，看看他是否能够认识到问题的严重性并改正，如果能够改正，还是给予保留为好。

经过老师、人力资源经理与这位中层经理的谈话，他意识到自己的错误和严重性，并决心改正。不久之后，他写了一份员工入职欢迎信，以后新员工入职，他会当面读一遍。这封信是这样写的：

欢迎你来到我们的部门，成为我们团队当中的一员。我们公司虽小，但这正是你能够彰显才华的舞台；我们这个地方虽然很偏僻，但是我们在行业中却非常有名；我们的能力水平虽然有限，但我们部门是一个团结互助、共同成长的部门，你在工作当中有任何问题都可以向老员工提出来，他们都有责任帮你解答，包括我在内。希望你把今天作为一个职业生涯的新起点，成功度过试用期，取得更好的业绩，我们大家看好你。

我们一定要相信，精神的能量是可以感染人、感召人的，员工思想品德当中出现的问题，都是我们中层干部的问题，正所谓"近朱者赤，近墨者黑"。中层经理应该以正能量教育和影响下属，并做到持之以恒，部门的作风就会发生明显的积极变化，中层经理对员工的品格教育，有的可能会影响员工的一生。

二、传授专业的能力：给员工提供终身就业的能力

员工来到一家公司，最主要的原因是什么？为了获得收入；没有挣到钱的主要原因是什么？没有专业能力；员工为什么没有专业能力？没人传授和辅导；应当由谁来传授和辅导？部门经理和他的直接上级。

我们刚招聘来的员工在经验和能力方面一般分为两种，第一种是有基本经验和能力的员工，他们来公司之前就在相同或者相近的岗位上接受过训练，积累过经验，具备一定的专业能力。但是世界上没有完全相同的公司和岗位要求，所以中层经理面对这样的员工，主要责任是让他们在发挥自己原有经验和能力的基础上，认真了解公司岗位的特殊要求，提高他们的适应性。第二种员工是完全不熟悉我们的行业和岗位，或者

原有的经验在我们公司完全用不上，属于"职场小白"。面对这样的员工，中层经理就应该下大力气进行培养，有些中层经理不愿培养这样的"小白"，因为成本太高，其实这是不对的。凡事都有正反两面，零基础有时可能是一件好事，一张白纸可以画出最新最美的图画，他们没有过去的经验和思维定势，更容易接受新的东西，而且一旦培养成功，比"职场老手"使用起来更加得心应手。

韦尔奇曾经说过，我们不给员工提供终身就业的机会，但是我们会给员工提供终身就业的能力。员工不一定一辈子跟着我们走，但至少在我们部门工作这段时间，他学到了真正的本领，他在一生中都会收益无穷，这是我们中层经理应尽的职责。

三、培养成熟的心理：给员工过硬的心理素质

人的社会年龄和生理年龄不是一回事，有的人已经成年了，但是并没有成年人的成熟心理，经常耍小孩子脾气，也就是我们常说的"不成熟"，这不是思想道德品质问题，是社会化成熟度不高的问题。

有的员工工作压力大了，精神就崩溃了；有的员工受到批评，意志马上就消沉了；有的员工遇到重复枯燥的工作，就没有耐心了；有的员工取得了一点成绩，就变得轻狂了；有的员工受到了表扬，突然就"飘"了……这些都是心理不成熟的表现，成熟的心态应该是不卑不亢，理性面对，就事论事，活在当下。

随着市场竞争的日益激烈，企业的经营压力逐渐增大，员工的工作压力也会增加，如果没有良好的心理疏导和训练，一般人可能就会无法

应对如此强大的工作与生活压力，这就是当今职场中心理健康问题日益严重的主要原因。

谁来训练？谁来疏导？当然是教练型中层。中层经理每天都跟员工在一起工作，对他们的心理变化了如指掌，一旦发现员工情绪出现异常波动，就应该马上做出判断，如果确认是心理问题，就要采取积极疏导的方式，减轻员工的心理压力。

我们在做咨询的时候，就遇到过这样一件事情。有一位业绩非常好的业务员，突然某几天情绪低落，上班迟到，坐在工位上就发呆，谁跟他说话都不愿意搭理。销售经理一开始没有意识到，对他的消极表现进行了点名批评，结果发现这个员工当天就提出了辞职。销售经理意识到这个问题的严重性，单独把他叫到办公室，对他这些年在公司的优异表现给予充分肯定，同时也承认自己今天说话有点过分，并当面向他表达了歉意。当员工的情绪波动有所缓解以后，经理就问这位员工："你这些天怎么了？就像变了一个人似的。"员工一开始不想说，销售经理就继续开导他，诚恳地说："我们是一个团队，每个人都会遇到一些困难，看看我能帮你做些什么。"这个员工才吐露实情，说出了事情的原委，原来是和谈了三年的女朋友分手了。销售经理笑着说："我还以为是什么大不了的事呢，原来是跟女朋友分手了。说实话，我曾有一个谈了四年恋爱的女朋友，没想到最后还是分手了，当时我也非常痛苦，甚至想结束自己的生命。不过，我现在结婚了，我认为我媳妇可比那个前女友强多了。现在我才体会到，第一个选择并不一定是最好的选择，而且有本事的男人，应该是让女朋友追你，而不是你追女朋友。怎么才能让女孩子主动追求你呢？那就是你要让自己变得优秀，修炼自己的事业心和责任心,好姑娘自然而然就会来到你的身边。前一段时间你的业务太忙了,也很辛苦,我给你放三天假,你到外边去散散心,我希望再看到那个充满激情的你。"

结果怎么样?三天之后这个员工回来了,而且心情变得好多了,工作逐渐恢复到正常的状态,业绩做得很好,而且现在已经结婚了。

现在员工队伍年轻化程度越来越高了,文化程度也越来越高了,家庭生活条件越来越优越了,很少经历过生活的磨难和创业的艰辛,心理承受力相对比较脆弱。这不是他们的错,是我们的社会和家庭教育出了问题,既然这个问题带到了企业当中,我们中层经理就要肩负起责任,帮助员工磨练心理品质,以应对工作和人生中的各种的挑战。

四、提升工作的业绩:让员工挣到钱

每个员工来到公司,对收入都有一个期望值,如果达不到这个期望值,再好的企业文化,再好的内部情感,再好的员工培训,再高的企业知名度,对他们来讲也不值得留恋。如果离职的是一名有培养潜质的员工,对团队、对公司、对他本人来说可能都是一种损失。

当然一个人在公司是能否获得很好的收入,七分靠自己,三分靠帮扶,特别是业务岗位的人员,他们大部分收入都是绩效工资,比如拿计件工资的生产操作员工和拿提成的销售人员。

三分靠帮扶,指的就是员工的部门领导要帮助员工提升业绩,除了要帮助他们提升专业技能之外,更要给他们创造业绩提供各方面的有利条件。比如对于刚刚来到公司业务不太熟练的操作工人,部门经理尽量安排一些简单的工序，让他们适应新的工作环境和岗位要求，并关心他们的吃、住、行等生活方面是否存在困难，帮助他们成功地度过试用期；对于业绩考核总是差一点，但始终不能破局的业务人员，中层经理不但要给方法、给信心，还要亲自帮他做成一单，突破业绩的困局，也突破心理上的阻碍，他们的心情就会豁然开朗，未来的道路就会一马平川。

第二节
教练的手段——教练员的"四做法"

一、做方案——因材施教最有效

随着公司的发展，员工队伍的规模将不断扩大，老板不可能对每个员工的情况都了如指掌，并制定个性化的成长方案，但是中层经理却可以做到。中层经理对自己手下员工的性格特征、专业特长、思维方式、成长经历、学习能力和家庭背景等方面的情况非常了解，应当以适应工作岗位要求为目标，本着扬长避短的原则，为他们制定个性化的成长解决方案。

比如一位销售部长下面有三位销售人员。小王为人老实忠厚，勤奋质朴，很有耐力，但是头脑不灵活，反应过慢，谨小慎微，与客户打交道时有点心理障碍，该说的话不敢说，就怕客户跑了，因此出单率就比较低。小李非常聪明，善于体察人情世故，对客户需求的判断很准，头脑反应很快，沟通能力也很强，但是情绪不稳定，人也比较懒，不愿做基础性的客户积累与分析工作，全靠临场发挥，缺乏耐心和韧性，因此业绩总是忽高忽低。小张既不聪明，也不勤奋，还总觉得业绩不好是自己运气不行，部长在他身上下的功夫最多，但是业绩始终不见起色。

如果你是这位销售部长，你如何为这三位员工制定成长解决方案呢？小王属于执行型员工，工作缺乏创造力，针对这样的员工，不要总是想着让他开悟，越说大道理，他就越发懵，最有效的方法是把客户分类做细，把销售对策、方法、流程、工具做细，告诉他照此执行就可以了。小李属于创造型员工，工作缺乏耐力，但是他拥有分析和解决问题的能力，让他把已经成交的客户拿出来做数据分析，总结成交规律和方法，在意向客户谈判过程中可以试验自己的方案，看看自己研究出来绝招能不能提高转化率，从而激发他的创造热情。对于小张，能帮助就帮助，实在提高不了就只能淘汰。

量体裁衣，定制个性化方案，帮助员工成长，这是教练型中层的基本功，只要员工有成长的意愿，有奋斗的动力，有学习的渴望，有培养的潜质，加上相应的培养策略和方法，我们的员工就能够成为合格甚至优秀的员工，只是快慢不同而已。

在制定员工成长方案方面，中层经理要注意把握两个基本原则。第一是扬长避短，而不能扬长补短。在刚才的案例当中，如果要把小王变成小李，让一个不聪明的员工变成一个有悟性的员工，这几乎是不可能的，同样如果让小李变成小王，让一个没有耐心的员工变成一个每天能够做重复工作的员工，也几乎是不可能的。每个人都有结构性矛盾，有一长必有一短，许多中层经理总想着补别人之短，甚至想用自己之"长"

补员工之"短",这是一件费力不讨好的事情。发挥员工的特长,并把这些特长发挥到极致,这样的员工才容易取得成功。

只有员工自己意识到身上的短板已经成为成长的巨大阻碍,开始有意识地弥补这个补短,人的结构性矛盾才能够逐渐趋于平衡。这个动力不是外来的,而是发自内心的,这是一场异常艰苦、脱胎换骨的自我救赎。

二、做教材——案头工作不可少

拿什么训练员工?中层经理培训员工的办法通常有两种,一种是靠嘴巴说,另一种是自己干、员工看,这两种方式都是初级教练的水平。高水平的教练一定会有教材。所谓的教材,就是把员工必须掌握的知识、标准、流程和方法,归纳整理成为书面或者可视化教学训练工具,有的企业叫《作业指南》,有的企业叫《操作规范》,有的企业叫《应知应会》,有的企业叫《工作手册》,有的企业叫《葵花宝典》,无论叫什么,都是大部分员工能够"看得懂、学得会、做得出"的工作方法总结和归纳。

这些教材必须要由中层经理去做,因为中层经理对业务非常了解,又有自己的成功经验。有一些企业也做了一些教材,但是不够实用,因为那些教材不是照搬照抄别人的,就是外行写的。中层经理在编写教材的时候,必须要把握好几条原则。第一是适应性原则,必须从员工的实际水平出发做教材,而不能用自己的专业水平去类比员工,否则员工就会感觉太难了,从而失去了学习的信心。第二是通俗性原则,教材必须要通俗易懂，生动活泼，简单有效，不能长篇大论，不能过于复杂和枯燥死板。复杂的问题简单地说，高深的问题通俗地说，枯燥的问题生动地说，让员工喜闻乐见，激发起员工学习的兴趣。具体的表现形式，可以是文字、图表、图片、视频，甚至是漫画。第三是迭代原则，制作完成的教材要依据新情况、新问题及时调整，做到与时俱进，不断改进，迭代更新，升级成不同的版本，以适应公司发展和行业竞争的需要。迭代升级工作，也可以让员工参与进来，如果某个员工有创造性发明，某个员工的新方法更有效，就请这些员工整理自己的实践经验，及时添加到教材中，甚至可以用这位员工的名字命名这些工作方法，增强员工的荣誉感。

中层经理编写教材有两大好处：第一，通过梳理和总结工作经验，让自己的理论和实践水平得到提升，客观上为他人，主观上也是为自己。第二，借助教材和接下来的训练，可以实现复制团队的目标，部门业绩好，自己收益大，而且管理更轻松。

三、做训练——实战训练"四步走"

能力不是说出来的，是练出来的，业绩不是讲出来的，是干出来的，所以教练型中层最重要的工作方式就是做训练。训练员工主要有两种方式，一种是关起门来做培训，模拟场景做演练，另一种是走出门去参加"实战"，以战代练。

关起门来做培训和演练，是大部分中层经理都经常采取的训练手段，但是需要注意两点。第一，必须要搞专题训练。一次培训只讲一个专题，解决一个问题。比如技术部长给技术员讲解"A产品的设计原理",就只讲这个产品的设计原理,"B产品的设计原理"放到下次再讲。再比如,销售经理给销售员做"销售技巧"的培训,那么就只讲解"销售技巧",对"销售心态"的讲解等到下一次再进行,那是另一个专题。如果一次培训的专题太多,容易分散员工的注意力,好像每个专题都学了,但每个专题都没有学透。企业不是学校,不要刻意追求培训的进度和数量,而是要以解决实际问题为标准。集中一段时间解决一个问题,就已经非常不错了,况且我们还要考虑普通员工的接受能力,如果培训时间太长、内容太杂,他们的接受效果也不会太好。第二,必须提前试讲。如果你不是训练高手,而是初次给员工做培训和演练的中层经理,一定要做好前期试讲或者训练预习,包括课件、演练流程、培训道具都要准备好,还可以邀请上级领导、培训专家、人力资源经理和员工代表当评委,现场试讲或者演练一下,听取大家的意见,进一步整理和完善培训内容与演练形式,然后再正式登台做培训或者演练。

走出门进行"实战"是最重要的训练手段,要遵循实战教练"四步走"的方法,其口诀是:我先做你来看,你去做我陪伴,你能做我点赞,我不在你复盘。

第一步,我先做你来看。在中层经理完成员工培训之后,要亲自做一遍示范动作,让员工有更加直观形象的认知。比如销售经理讲解了拜访流程与方法之后,带着业务员去拜访一次客户,让业务员注意观察自己是如何按照流程操作的,如何与客户进行交流谈判和签单的。比如技术部长给技术人员做完制图技术培训之后,自己亲自做一次制图示范,让技术员对照刚才讲解的知识,认真观察自己制图的顺序和方法,以及设计系统的使用要领。

第二步，你去做我陪伴。在示范之后，让员工自己操作，中层经理在旁边观察。如果客户不在现场，也可以随时进行指点和纠正，如果客户在现场，等回到公司后再做点评。比如我们的技术人员在操作新的制图系统，技术部经理就可以在旁边观察，判断员工对讲解的操作标准和技术方法是否真正理解了，能否正确使用了。如果出现操作不正确的情况，要随时指出，帮其改正。再比如业务员拜访客户，销售经理可以跟着去，让业务员主谈，看一看整个拜访过程是否符合训练要求，如果中间出现一些偏差或者失误，销售经理可以及时"救场"，回来之后做好点评和总结。

第三步，你能做我点赞。当员工掌握了基本业务技能，熟悉了业务特点，能够自己独立操作以后，中层经理应该允许员工"单飞"，只要员工有一点进步，取得一点成绩，就要给予表扬和赞美，为员工取得的成绩加油鼓劲。当技术员独立画出第一张合格的图纸时，技术部长就应该给他点赞："你的学习能力非常强，继续保持这种状态，你一定会成为技术高手。"当我们的销售员，第一次单独拜访客户并成交时，销售部长应该给他点赞："你终于突破了自我，这是你职业生涯当中最重要的时刻，我们为你感到骄傲。"点赞就是加持，鼓励就是赋能，优秀的员工不仅仅是训练出来的，也是鼓励出来的。

第四步，我不在你复盘。当员工能够独立操作之后，中层经理要告诉员工："你已经成功地做了几遍，我已经把本事都教给你了，而且我不可能天天跟着你，在后边看你怎么做，在以后的实践当中遇到问题的时候，你要养成一种习惯，就是要把教材打开，对照教材，回顾学习过程，检查一下自己在操作过程中有哪些失误或遗漏。只有不断复盘，你才能把教材的内容变成自己的潜意识和工作习惯。习惯是在不断的重复中养成的，每一次重复都不是对前一次的简单复制，而是对上一次操作进行总结，在总结过程中得到巩固和提高，从而形成更高水平的思维方式和工作习惯。"

比如在刚才我们所举的例子当中，销售部长带着业务员进行客户拜访，也做了沟通示范，然后让业务员去实践，自己再陪他走一次，回来做好点评。几个回合之后，让业务员独立去拜访，回来做自我总结，回顾整个拜访过程，对照流程和方法，总结成功的经验和失败的教训，共同制定出提高拜访成功率的对策与方法，从而对拜访流程有了更深层次的理解，这就是整个复盘的过程。在第一次复盘时，中层经理可以给予指导，以后就不需要每次都参加了，但是可以随时询问抽查，让员工养成自我总结与复盘的良好习惯。

当然，复盘还有一个功能，就是通过复盘，来检验我们的流程是否还有需要进一步完善的地方。实践、总结、再实践、再总结，在这个循环中，既完善了我们的训练体系，又培养了高效率团队，这就是中层经理做训练要达到的两个目的。

四、做考核——你的评价很重要

一场球赛结束了，除了比赛成绩之外，队员更在意的是教练对自己场上表现的评价。如果比赛结束了，教练扭头就走，跟队员一句话都不说，或者说得含糊其辞，我们想一想队员会有一种什么感受，可能会集体发懵。

教练暂时不说话，也许是一种工作策略，但是如果这个教练总是不说话，不对队员的表现进行评价，那么大家就不知道教练的要求是什么，他们的努力也将失去方向。

为什么有些中层经理不对员工的工作进行评价呢？因为他没有考核员工；为什么他不做考核呢？因为他不会考核。因此，要评价员工的工作，就要先做好客观公正的考核。

考核是量化的考核，评价是定性的评价，量化数据是评价的基础，评价是量化分析得出的结论。我们许多中层善于做定性评价，不善于做定量考核，在总结会上他们经常说：你干得还可以，你干得确实很好，你干得不行，你现在的表现我还无法评价……说到最后，员工也不知道这位领导要讲什么，对于自己做得到底是好还是不好，心里一直没底。

如果公司没有员工量化考核的体系，中层经理首先要对员工的第一次重要表现，进行定性评价，因为有评价总比没有评价好。比如，车间的员工加班加点，按时完成了一项紧急的生产任务，车间主任应该诚恳地对大家说："这是我见过的最漂亮的一次突击战，能在这么短的时间内完成生产任务，而且质量直通率达到100%，在整个行业中我们是顶尖水平。"再比如，我们的销售团队，在淡季创造了同比增长的最好业绩，销售经理应该热情地鼓舞团队："这是我们公司最棒的一份销售淡季成绩单，同行做不到的，我们做到了，再次证明了我们的誓言——只有淡季的思想，没有淡季的市场。"

当然，随着公司的发展，我们不可能总是这样给员工做定性评价，所以建立一整套科学的薪酬绩效考核体系就势在必行。

体系化考核有四大好处：第一是客观。每个员工表现的如何，工作结果如何，都可以用量化数据统计出来，不需要讨论，也不需要夸张，更不需要争辩，业绩定期就会客观地呈现出来。第二是公平。事前是如何约定的，事后是如何执行的，事后付出多少得到多少，大家心里都清清楚楚，从而心甘情愿，毫不纠结。第三是便于改进。我们通过数据分析，就可以知道成功的经验是什么，失败的教训是什么，改进和提升的方法措施将会更加精准有效。第四是再做定性评价时就会更有底气。量化指标是做出定性结论的可靠依据，如果我们的考核过程和依据都非常客观精准，那么进行评价的时候就会很有底气，这是评价工作的最佳状态。当生产部长对员工说："在这次突击任务中，我们的质量直通率100%、及时交付率100%、成本控制率100%、数量达标率100%、安全生产率100%，所以我们创造了公司历史之最，我们是最棒的团队。"前面五个100%都是量化的结论，后边的一个就是定性结论，这样说出来的评价，有理有据有底气。

第三节
教练员的自我修养——爱的力量

从教练型中层的岗位价值和工作方式来看，对干部的修养要求是非常高的，这个修养的核心就是要对自己的下属充满爱。这个爱不是大人对小孩的溺爱，不是强者对弱者的怜爱，不是朋友之间的友爱，更不是亲人之间的亲情之爱，而是心甘情愿地帮助下属健康成长的关爱。

一、深深地爱——甘愿付出要真心

爱的力量是无穷的，当我们对犯了错误的下属仍然充满信任的时候，当我们对悟性不高的下属耐心指导的时候，当我们把成功的荣誉与赞美让给下属的时候，当我们不失尊严地指出下属失误的时候，我们的团队成员就能够感受到爱的力量。爱的力量是无穷的，是员工能够体验到的，这种爱的力量能够换来下属自发、自动、自觉的执行，团队也会充满向上的力量。

一名员工来到一家公司上班，一定是他慎重选择的结果，他会把从事这份工作，当成职业生涯中的一个新起点或者转折点。在他们的眼前，有对美好生活的向往，在他们的背后，寄托着亲人的期望。他们希望获得自己满意的收入，来提高自己和家庭的生活水平；他们希望得到尊重，让自己活得更有尊严；他们希望创造出业绩，让自己的人生获得成就感。如果一位中层经理能够深切地感受和理解到员工的这些期望，就能够从内心深处产生出一种强烈的责任感——我一定要让下属过得更好，这就是爱的起点。

爱，有大有小。作为教练型中层经理，对员工一定要有大爱，而不是小爱。所谓小爱是私人之间的情谊，大爱是对员工人格成长的关心；小爱是对团队中某一个人的喜爱，大爱是对团队成员一视同仁的善待。比如今天一个员工迟到了，但是你对这个员工非常喜爱，只是对他轻描淡写地说了一声"下不为例"，那么你对今天所有按时上班的员工就是不公平，释放了小爱，丢掉了大爱。正确的做法是该处罚还要处罚，但接下来要给他讲清楚一个道理，一个人如果没有自律就不可能成功。是帮助员工成长，还是照顾他的面子？是让更多的人感受到公平，还是让一个人对你感恩戴德？这就是大爱和小爱的区别。

爱，不仅有大有小，还有深有浅。是真心诚意地帮助员工成长，为员工的进步而骄傲，为员工的退步而焦虑，还是和和气气地与大家相处，表面上过得去就行了，当我们扪心自问的时候，就会察觉自己的爱是有深有浅的。

比如一位刚刚入职的服务员，由于业务功底不扎实，不小心弄脏了客户的衣服，碰巧这个客户的修养很差，尽管服务员赔礼道歉了，他还是不依不饶、破口大骂，服务员吓得一时不知所措。这时候作为店长就要挺身而出，先把员工支走，自己挡在前面，让客户把火发到自己身上，直到事态慢慢平息为止。保护员工，为员工挡"箭"，这是一种爱的表现。

但是这种爱目前还停留在表面上，如果接下来不与员工做一次深刻的交谈，员工的内心就可能会产生两种负面情绪，一种是因为店长替自己承担过错，而会感到深深的自责，另一种就是为自己的无能而感到自卑。因此，更深层次的爱应该是解决员工的"心病"，找一个空闲的时间坐下来跟她谈谈心："咱们服务行业就是这样，什么人都会遇见，忍受委屈也是我们服务工作的一部分，客户发完火也就过去了。如果你还是念念不忘，受伤的是你自己，而不是别人，你说自己气自己值不值？我是店长，你出了错，我当然要承担起来，这是我的责任，你不用感激我，更不用内疚自责。从现在开始，你要把这件事情彻底忘掉，好好学习业务，提高服务能力，绝大部分客户都是好的，要为他们提供最好的服务，这样我们的效益和收入才会稳步提升。"

是真爱还是假爱？是大爱还是小爱？是深爱还是浅爱？一切源于你的内心，源于你如何看待自己和员工的关系，以及在这种关系当中自己的角色定位。

二、细细地教——不厌其烦要耐心

公司人少事少的时候，老板还有时间亲自指导员工，手把手地教会员工做业务，但是等公司做大了，老板就不可能直接辅导员工了，这个任务就交给了中层经理。

员工业务能力不强的时候，中层经理一般有四种处理方式：第一种就是单纯的指责批评，这是最糟糕的方式。第二种是给员工讲道理，员工听了很认同，但是依然不知道具体该怎么做，这是一般中层采取的方式。第三种是给员工一些工具和方法，让员工自己去看，自己去练习，如果员工自己学不会，那是他的学习能力不行，中层经理没有跟踪辅导的意识。第四种是自己意识到给员工的工具和方法有些粗糙，如果没有详细的讲解和示范，员工根本就看不懂，中层经理就会与员工一起搞清楚操作的每一个细节，最好再做一遍示范，一直到员工掌握为止，就像我们上边讲述的教练实战"四步走"一样，一步一步做好，这是真正的教练型中层。

有人会说，如果每个员工都需要这样教的话，中层会不会太累了？不会的，因为这样的员工毕竟是少数，况且我们细细地教了一遍，重新总结出来的流程方法，可以复制到其他员工身上，也就节省了中层经理辅导其他员工的时间成本。这是一种非常高明的管理方法，教练做得越细，方法总结得越好，复制团队的能力就越强，管理团队也就越轻松，只不过在打基础的时候，需要耗费大量的时间和精力，但是一旦基础打好了，复制起来就会非常轻松自如。

如果团队的人数很多，中层经理一个人短时间内训练不过来，最好的办法就是先复制出几个"助教"，选拔一些优秀的员工或者小组长，先把他们复制出来，不仅要教会他们技能，还要教会他们传授技能的方法，然后把他们任命为自己的"助教"，去训练更多的员工，以一带三，以三带十，团队将不断地复制和裂变，再多的团队也能够复制出来。

细细地教，既能表达出自己对员工的真诚关爱，又能够解放自己，让管理变得轻松，这是两全其美的事情，也是教练型中层管理智慧的体现。

三、重重地罚——慈不掌兵要狠心

《增广贤文》中说，慈不带兵，义不养财，善不为官，情不立事。这几句话是什么意思呢？过于仁慈的人不能带兵打仗，太讲义气的人攒不下钱，过于善良的人当不了大官，太重情感的人成就不了大事业。

仁慈、讲义气、善良、重感情，这些对于普通百姓而言，都是非常值得称赞的做人准则，但是要当一个好领导，如果不能很好地把握这些准则，掌控好这些尺度，在这些方面做得过分了，你就不是一位好领导。

在中层经理的管理行为当中，最常见的错误方式有两种。一种就是溺爱员工，把员工当成了自己的亲人，出了错也不舍得批评，呵护有加而爱护不足，其实员工身上的许多毛病都是中层经理惯出来的。另一种就是讨好员工，拿原则做交易，生怕管理严格会得罪了员工，自己在员工面前一点权威都没有，甚至变成了员工的"下属"，被员工领导了。

正确的做法应该是员工出了错误以后，要正确分析和判断错误的性质和严重程度，给予适当的警告、批评，甚至处罚，同时必须要求他改过。对于那些违法乱纪，触碰公司职业道德底线，给公司和客户造成极大损失的人，要坚决给予开除。作为中层经理要懂得一个道理，包容和宽容并不是纵容，对于个别人错误的放纵，就是对大多数遵守规则的人不公平。

为什么有的中层经理不敢严格管理，不敢批评和处罚员工？他们经常会说，员工也不容易呀，如果处罚太重了，员工就会产生抵触心理，甚至辞职走人。其实这是因为你平时对员工付出的真情太少了，关爱的太少了，帮助的太少了，关爱和帮助就像存款，批评和处罚就像取款，而相互之间的信任程度就是信用额度。如果一个中层经理平时没有关爱和帮助的付出，有的只是批评和处罚，那么取款就会大于存款，就会出现信用透支。因此，那些不敢严格管理的中层经理应该好好反思自己，在我们批评与处罚员工之前，我们都付出了什么？

帮助和爱护是一种爱，严格管理也是一种爱，因为目的都是相同的，都是为了员工健康成长。

四、默默地送——成就下属是仁心

孟子曰："君子所以异于人者，以其存心也。君子以仁存心，以礼存心。仁者爱人，有礼者敬人。爱人者，人恒爱之；敬人者，人恒敬之。"仁爱之心是慈爱之心，而仁者则是具有大智慧和人格魅力的人，是善良的人，当你爱别人的时候，别人也会爱你。

中层经理的仁爱之心，不仅要体现在关爱员工、帮助员工成长上，更要体验体在甘为人梯的行动中，体现在为员工超过自己而由衷高兴的思想境界中。社会之所以能够进步，企业之所以能够发展，就是因为一代更比一代强，这是历史发展的必然规律，否则我们的社会就会停滞不前，甚至会倒退。

中层经理大多数都业务基础扎实，经验丰富，威望较高，有的还是曾经为公司立下汗马功劳，与老板共同打天下的前辈。在老资格的中层经理当中，有一部分人具备较强的学习能力和进取心，他们能走向职业生涯的更高阶段；当然也有一部分人受到文化程度、学习能力、阅历见识等限制，已经到了职业生涯的天花板。这时候如果下属的能力强于自己，我们将如何面对？

若以小人之心面对，就是"武大郎开店"的心态，员工不能比我强；如果以君子之心面对，就是仁爱之心，员工超越自己才是自己最值得骄傲的成就。这需要内心的艰苦修炼，需要自我调整心态，才能达到较高的精神境界。

由于工作需要，当公司抽调部门的核心骨干走向更重要或者更高一级岗位的时候，我们应当感到光荣；当手下具备了更高的领导能力，被公司晋升到与我平级，甚至超过我的时候，我们应当随喜赞叹；当手下干出一番事业，在我们退休以后还能过来看望，向我们表示感谢，我们就会觉得自己的职业生涯收获很多……

长江后浪推前浪，这是历史发展的客观规律，企业人才梯队的建设和团队结构的优化也要符合这个规律。既然是客观规律，我们就不可能阻挡，而应当顺势而为，中层经理应当成长自己，同时更要成就别人。

还记得我们在第二章中留的那道题吗？如果你是销售部长，会把那几项工作如何排序，现在有答案了吗？

下面公布参考答案。

（1）给10名业务员下发培训资料，先让他们自学，把今天的培训改到明天。

（2）告诉要离职的那位业务员，这件事情非常重大，下班之后我请你吃饭，咱俩好好谈谈。

（3）安排一名业务员处理客户投诉的事情，先向投诉的客户了解情况，如果是客户的问题，我再打电话向老板汇报；如果是我们的问题，我再亲自打电话向客户赔礼道歉，商量善后事宜，再向老板汇报。

（4）今天最重要的工作是接待大客户来访，要亲自做好充分准备，投入精力谈下这一单。

第五章

经营的创新者
——想在老板前面

从工作的主动性上讲，中层经理有两种类型，一类是被动执行型，另一类是主动创新型。被动型中层懂得服从，能够把上级安排的工作完成好，这也没有什么不好，是执行型中层，但我们更欢迎主动创新型中层。他们在执行的过程中，善于开动脑筋，为提高效益而想出一些创新性招法和方案，甚至在老板或者高层还没有意识到的时候，他们能够大胆尝试，成为公司经营创新的主力。

有人说创新是老板和决策层的事情，没错，老板和决策层是在战略层面上做创新，而中层经理因为每天在做具体业务，更了解公司的实际情况和市场需求，如果能够以创新思维升级公司的产品、技术和模式，也就是做出经营层面的创新，将会更有操作意义和实用价值。因此，"硬核中层"要修炼的第五个角色，就是当好"经营的创新者"。

第一节
创新的原则——创新要有突破，要有结果

一、聚焦战略，不跑题

华为倡导"聚焦有意义的创新"，什么意思呢？就是围绕公司的战

略，利用有限的资源，让创新成果直接应用于公司的产品、技术，或者模式，同时确保创新的投入产出比最大化。创新性研究从理论上讲有两类：一种是基础性创新研究，另一种是应用性创新研究。基础性研究通常离实际应用还有一段距离，比如数学家破解了一道世界性难题，成功证明了一种新的算法，就都属于基础性研究。如果有一天这种算法能够应用在计算机技术、互联网和云计算系统上，并产生实际的商业价值，就属于应用性研究。

对于某些大型科技企业而言，他们本身就设有基础性研究机构，比如阿里巴巴成立了达摩院，其涉及的许多基础性研究内容与阿里巴巴的主业并没有直接关系，但是他们的研究成果有可能在某个应用领域实现颠覆性创新。在2020年抗击"新冠肺炎疫情"期间，阿里达摩院的基因测序AI算法，在浙江省疾控中心全基因组检测平台上线之后，将疑似病例基因分析时间由原来的数小时缩短至半小时，在提高效率的同时还可精准分析病毒变异情况。类似的机构还有腾讯的"AI实验室"、百度的"深度学习技术及应用国家工程实验室"、华为的"2012实验室"等，还有国外的谷歌"X实验室"、微软研究院、IBM实验室等，这些都属于基础性研究机构。

但是对于大部分中小企业而言，我们没有那么大的实力去从事基础性研究，更多的创新应该围绕着公司的战略，围绕着我们的主业，围绕着现有的产品和服务升级，在经营领域开展跟随式实用性研发与创新。

比如我们是生产电视机的企业，彩色电视机从CRT、LCD，进化到TFT-LCD，再进化到高分辨率、大屏幕液晶投影电视，目前升级到了智能电视，每一代电视技术的进步，都给人们带来了全新的视觉体验。这就是聚焦战略，但是如果生产电视机的企业去研究农业，就属于跨界经营，原有的技术无法应用到新的领域，失败的可能性就比较高。

有一家公司是做卡通形象设计外包业务的，国外知名的大型游乐场委托他们设计卡通形象，先制作出图纸，再由他们交给其他企业生产卡通人物和娱乐设施。他们的技术总监就提出来一个想法："图纸都是我们画出来的，最后一步就是做生产和工程施工，整个产业的大部分利润都让别人挣去了，我觉得太可惜了，现在政府在推动特色小镇，我们也建一个卡通小镇吧。"老板也觉得有道理，但是心里没底，就让这位总监先尝试一下。紧接着公司创立了自己的品牌，与一个镇政府合作，批项目，投资金，盖工厂，买设备，招工人，做产品，建工程，战线越拉越长。由于是全新的业务方向，资金预算、人才配备和管理能力都有些跟不上，最后这位总监只能亲自到现场和工地督战，本职的设计业务也顾不上了。经过两年的挣扎，项目没有成型，公司投入的1000多万元打了水漂，还要偿还银行贷款，这个创新以失败告终。因为做设计与做生产，做生产与做施工，做施工与做运营，都不是一个专业，业务链条太长、跨度太大，自己就掌控不了，放着自己的优势不去发挥，专挑自己的劣势去投资，这是典型的毫无意义的创新。

痛定思痛，公司重新检讨并梳理了发展思路：为他人代工是公司的现金流业务，必须要持续做强，同时在这个基础上可以做产品的升级延伸，可以尝试文创产品设计与外包生产。大家认为这个创新方向比较靠谱，他们取得了国外卡通文创产品的设计授权与经销权，又与国内一些知名景区和博物馆合作，创作特色文创产品。由于他们的设计技术精湛，外包加工也比较专业，竞争产品也比较少，公司业绩大幅上升。经过一年的奋斗，新业务的利润占比达到40%以上，而且增长势头良好，设计总监将功补过，终于做了一次有意义的创新。

我们许多中层经理有这样一种心态，认为公司的产品、业务太单调，不想在传统产品业务上做进一步升级，而是想做一些突破性产品和服务，或者看到别人做得好，自己也想去做，其实这可能会给公司挖一个"大坑"。如果不能根据我们的核心能力去研发和升级自己的产品和服务，这种创新风险是一般公司承受不了。理智的方式应该是认真研究细分市场，定位公司的核心竞争力，找准潜在的目标客户，然后不断升级产品和服务的功能，完善解决方案，提高服务的附加值，发挥我们的核心优势，才能获取更高的利润，我们鼓励和提倡这种创新。

二、创新方案，有依据

中层经理做创新一定要有理有据，特别是涉及公司将投入大量财力、人力、物力的大型项目，应当详细撰写《可行性调研报告》，要比较清晰全面地回答几个问题。第一，我们的项目是什么，与同类项目相比有什么独特的竞争优势？第二，项目需要的资源是什么，以公司的自有资源以及获取资源的能力，能否支持项目直到产生收益，投入产出是否能够达到自我良性循环？第三，项目有什么风险？包括政策风险、法律风险、合作风险、负债风险、市场风险等，要进行全面评估并做好预案。第四，项目实施的具体计划和方案是什么？包括资金预算与收益表。第五，对赌规则有哪些？包括项目成功后公司应该给项目负责人的奖励，项目失败后负责人应该承担的责任。

如果属于中型项目，动用公司资金、物力、人力不多，操作起来也比较简单，可以直接采用《项目实施方案》或者《项目实施计划》等简单形式向决策层汇报，但必须要有理有据，做出最好和最坏的结果评估，以利于高层快速决策。

如果属于微型创新，即不动用公司更多的资源，利用自己管辖的部门资源就可以完成，又是符合公司的战略要求和客户需求的小改进，或者小型创意活动，对这种"微创新"不需要长篇大论做论证，事前做好准备，事中把控好风险，事后有创新价值即可。请示上级领导同意更好，自己决策操作也可以，但结果出来后应当向上级领导汇报。

创新都是从一个想法开始的，但是不能仅仅停留在想法层面，而应当把它变成实际可操作的方案或计划，在上报决策层或老板审批之前，必须经过反复斟酌，尽量减少不确定性，同时做好回答决策层论证和质询的准备。

三、说干就干，讲效率

在中层经理创新的层面上，"微创新"的项目居多，中型项目其次，大型项目极少。对于"微创新"，只要我们想好了，要立即就干，甚至可以采取"先开枪后瞄准"的方式，先干起来再说，在干的过程中发现问题、解决问题、调整方案。如果犹豫不决，总想追求完美，这样的创新多半会夭折。对于中大型创新项目，经过高层决策之后，要立即行动，因为有些创新具有时间性要求，如果拖延太久，机会错过，成本会更高。

举一个"微创新"的例子。当年华为把程控交换机卖到湖南后，一到冬天设备就出现短路，却一直找不到故障原因。他们把设备拉回深圳，夜以继日地研究问题的原因，最后发现机器外壳上有一些动物的屎尿。于是他们初步判断，可能是猫或者老鼠的屎尿造成了短路。试验一下吧，他们找来不同屎尿的样本进行对比测试，掌握发生短路的技术参数。结论出来了，部分动物的尿里所含有的特定成分就是短路的原因。华为的工程师们就针对这一具体问题进行了产品升级和技术改造，以后这类问题就再也没有发生过。

为什么只有卖到湖南的产品出现了短路？为什么有的尿液洒上去以后，设备依然正常？如果我们员工不去刨根问底，或者盲目地认为我们的产品没有问题，是客户保养和使用的问题，这个创新就终止了，无数个类似的创新也不会出现，那么华为的产品就不可能享誉世界。

创新来自好奇，行动来自责任，成功来自"试错"。为什么有的企业天天谈创新，但是一直没有结果？就是因为这样的团队没有敏锐的眼光去发现问题，没有强烈的责任心去探究原因，没有百折不挠的精神去追求根本原因。犹豫不决，瞻前顾后，推诿扯皮，不敢承担责任，这些都是创新的"敌人"。

空谈误国，实干兴邦，中层经理在经营管理过程中，有了好的想法，有了好的创意，只要符合公司发展的战略，只要能够满足客户的要求，只要风险可控，就要大胆尝试。我们的老板也要鼓励和支持中层经理进行创新，在思想上、技术上、资金上、资源上支持那些有意义的创新。

四、谁对谁错，看结果

创新可以论成败，但是最好不要论对错。我们可以尽量避免失败，但是我们不可能完全杜绝失败，只要这种失败没有给公司造成不可挽回的损失，只要这种失败不至于给客户产生不良的影响，我们就应该鼓励创新。因为有意义的创新都是从善意和责任出发的，都是从公司和客户利益的角度出发的，所以我们不论对错，只论结果。

中层干部在创新的过程中，受到的最大阻力往往来自老板。这些老板大部分都是思想僵化、思维固化、因循守旧、格局不高的人，一旦创新超出他们的能力和经验的控制范围，他们就会产生恐惧感，他们不鼓励创新，特别是对自己看不懂的创新都一概否决。

面对这样的老板，中层经理该怎么办呢？既然老板不同意的主要原因是担心出现风险，那么中层经理就要把着力点放在消除老板的担心上，最简单有效的办法就是向老板提供"上中下"三种对策选择。上策就是一步到位，中策就是边干边看，下策就是先做一个初级小实验。同时，还要给老板讲清各自的利弊，上策的好处是效率高，平均成本少，一旦成功立刻见到成效；中策的特点就是效率不太高，成本也不高，比较保险，收效不高；下策的特点就是效率低，平均成本高，收效最低，但是风险也低。如果老板做出了选择，那么这就是创新成功的开始。

当然也有一些老板，即便中层提供了"上中下"三种选择，依然不敢做出决定，那么此时最后一招就是采用对赌的方式。我们用结果说话，如果我成功了，老板怎么奖励我，如果没有成功，那我就承担什么责任，现场立下军令状。

即便是立下军令状，有的老板还是不同意创新，那该怎么办？要么安下心来做好本职工作，要么另外选择新的平台去实现你的梦想，唯独不能选择抱怨或者消极怠工，因为抱怨只会消磨生命，而忘掉过去、创造未来，才能实现生命的价值。

第二节
创新的内容——"三大主攻方向"

一、产品创新：老板关注市场的大势，我在意客户的小事

产品创新主要是指产品的升级换代或者重新组合，包括产品功能创新和形式创新两个方面。功能创新主要是指产品的性能升级，或者质量升级；形式创新主要是指产品的外观、便利性和包装方面的创新，对于贸易型、销售型企业来说，主要是产品品类更新或者重新组合。

我们有一家客户，原来主要生产普通帆布，产品用于货物运输的随车遮挡，或者制作普通帐篷，是一些低端产品的原料。这类产品日益落后，客户需求量锐减，市场严重萎缩，公司陷入了非常困难的经营境地。老板岁数大了，对市场变化不敏感，天天守着老产品不放，其实就是守着一生的情结。

他们的市场部经理很年轻，经过调研之后认为彩色防水帆布是未来的趋势，很多户外用品、时尚鞋类、背包等都需要高品质的彩色帆布。

只要将厂里的工艺和设备加以改进，完全可以生产此类产品，但是染色工艺在当地做不了，只能拿到广东去做。因此，市场部经理建议将销售中心和颜色加工基地迁到广东，然后他提出了一个产品升级方案，进行了可行性论证。老板看到方案后很犹豫，但又感到非常无奈，如果不进行升级和突围，企业就可能倒闭。经过深思熟虑，老板同意实施这个计划，在工厂里专门开辟了一个特种帆布生产车间，进行试生产，第一批样品出来之后，再送到广东印染厂进行二次加工。成品布上市以后，市场反映非常好，公司就决定在南方投资印染厂，销售中心设在广州，经过一年多的转型升级，公司营收同比增长了300%。近几年，他们又跟随军民融合的发展需求，研发出了军队医用帐篷，具有抗辐射、消菌杀毒等功能，公司又找到了新的利润增长点，现在那位市场部经理已经成为公司的股东，老板与他合股成立了销售公司，公司业务持续增长。

对于生产制造型企业而言，产品创新是我们一切创新的基础，产品做得好，销售压力就小，产品做得不好，我们再怎么卖力地吆喝，也没人愿意听。如果把不好的产品说成优质产品，那就是骗人，这种企业更不可能持续经营下去，更谈不上未来的品牌经营。在产品创新过程中，一定要注意从低端到高端，从质量到功能，从单品到系列，从系列到集成，从集成到软硬件智能化系统解决方案，我们一步一步去升级，切不可想"一口吃个胖子"，每一部产品创新都要扎扎实实，一步一个脚印。

二、技术创新：老板的优势是"宽"，我的优势"专"

由于老板具有敏锐的市场嗅觉、独特的思维方式和丰富的人生阅历，他们比普通员工具有更宽广的战略视野，能够超前预判出市场发展的规律，为公司指出正确的创新思路与方向，他们的优势是"宽"。

中层经理通常分管某个专业领域或者专业部门，他们每天都在带领团队做具体业务，对公司的实际情况非常了解，对操作的细节非常熟悉，同时对供应商和客户的需求也更清楚。如果中层经理有创新意识，他就会结合老板的战略方向和定位，不断审视自己分管的工作，聚焦在某个点上，提出创新的具体做法，他们的优势是"专"。

2003年，由于"非典"疫情的爆发，人们在家隔离，不方便出门购物，但又都在上网，让马云看到了利用互联网技术建立电子交易平台的广阔前景。随后，马云专门安排研发团队进行研发，在当年5月份，我国第一个功能比较完善的电子商务交易平台诞生了，这就是淘宝，在第一年就取得了交易额突破3400万元的佳绩。在这个过程中，马云只是提出了一个总的设想，具体的产品设计，特别是技术创新与应用，都是由研发团队通过无数个小的技术创新实现的。几年以后，马云深有感慨地说："我不懂技术，但我却是最后的检测者。如果这个平台连我都不会用，那这个产品肯定是不过关的，让一个外行能够轻松上手，并对产品感到满意，这才能说明我们团队的技术创新实力。"

抬头瞄着老板的战略，低头审视自己的业务，以提高产品的科技含量，增加产品与服务的附加值为创新的基本原则，以满足客户潜在需求为创新的出发点，发挥自己的技术专长，一方面大胆地提出技术创新的设想，另一方面把老板的战略思维变成具体的技术成果、创新产品和技术解决方案，我们中层团队的技术创新之路就会越走越宽广。

三、模式创新：老板负责模式构思，我负责模式设计

今天的创新不仅仅是指产品和技术创新，更主要的是指商业模式创新。商业模式是企业持续赢利的方式，商业模式可以有多种表现形式，大到战略竞争方式的顶层设计，小到营销方式的推陈出新。老板站在战略的高度，对商业模式会形成一个构想，但如何把这个构想变成可以实际操作的模式，还需要中层经理进行具体化设计和实践。

有一家从事智能封闭门研发、生产与安装的企业，主要应用场所是机场、高铁和医院。2020年年初，北京有一家客户对他们的产品非常感兴趣，但是由于突如其来的新冠肺炎疫情，客户无法来现场考察。销售部经理非常着急，怎么才能让客户看到我们的真实产品，现场体会到产品的使用感受呢？这个问题一直困扰着他。有一天，他在家闲着没事玩游戏，突然就有了一个创意：我们可以用3D技术拍摄已经完成的工程，用可视化手段让客户身临其境地了解产品使用情况和客户反馈。老板认为这个创意非常好，于是销售部经理马上行动，请来专业的拍摄团队，在当地拍摄了一些精品工程，经过后期制作，客观而完美地呈现出他们的工程质量、产品性能和客户满意度。当北京客户在网络上观看到他们的产品和工程之后，立即向他们发出了投标通知书，结果他们通过网上投标，在五家投标企业中脱颖而出。现在，这种可视化现场考察模式，已经成为公司的一种常规营销手段。

当我们的产品、技术和服务创新，都达到了一定高度或者暂时告一段落时，模式创新就将成为新的利润增长点。从单一的提供产品模式，到提供技术解决方案；从单纯的线下销售，到线上引流、线下成交；从

一手交钱一手交货，到先体验再购买，再到不满意就退货；从产品交付使用，到系统远程管理并收取维护费，从产品经营向服务经营进行转型……我们的中层经理与老板一起，在经营实践当中不断进行模式创新和探索，让企业走出了一个又一个低谷，走向了一个又一个高峰，为企业注入了旺盛的生命力。

第三节
创新的逻辑思维——创新"四段论"

为什么有的人善于创新，而有的人因循守旧？为什么有的人创新效率很高，而有的人却迟迟出不来成果？关键在于是否具备创新的逻辑思维。创新的逻辑思维有多种多样，下面给大家介绍一个非常简单的创新逻辑思维——"四段论"，供中层经理们参考。

一、我面临的问题是什么？

正确地提出和界定我们所面临的问题是创新的前提，如果我们提出的问题本身就是一个错误的命题，或者这个问题根本就不是一个问题，又或者我们只是停留在问题的表象，而没有深挖问题背后的原因，也就是问题背后的问题，那么我们的创新从一开始就会出现方向偏差。

比如一家从事女装设计、生产与销售的公司，公司采取的是以专卖店为主的销售方式，多年以来销售业绩一直增幅不大，成本太高，利润太薄，经营陷入了困境。有人认为是产品没有竞争力，有人认为是销售人员能力不行，有人认为是激励政策力度不够，有人认为是店面选址不在商业中心……于是，这家公司开始了创新和变革，首先是产品创新，设计了许多新款产品，其次组织员工进行能力训练，重点是学习销售方法与技巧，增加了员工提成比例，最后撤掉了一些非商业中心的店面，大部分门店都转移到商业中心。但是经过两年多的折腾，公司的销售业绩上去了，但是利润率依然很低，甚至比调整之前更低，这是为什么呢？

二、我要什么结果？

有一次，我与上述女装公司的老板和销售总监、市场总监、产品总监进行了一次交流。我开口就问："你们到底要什么结果？"他们说："当然是要业绩啊。"我接着说："业绩这个词还要进一步细分，你们要的是销售额，还是利润额，或者是利润率？"他们说："我们当然是要利润额，但是我们经过两年多的努力，为什么现在销售额高了，反而没有赚到钱呢？"经过讨论得出一个结论：我们把销售额做上去了，但是我们的成本也提升了，因此我们没有利润，要利润才是我们要解决的问题，因为只有利润才能让企业活下去。

三、因果之间有必然的联系吗？

把想要的结果搞清楚了，再回头去看那些原因，所列举的原因和结果有什么必然联系吗？我们要的是利润，但是我们做新产品研发需要大量的投入，我们要把店面迁到商业中心，又是一笔很大的投入，还有不断增加的提成比例和员工技能培训支出，也是很大一块成本，所以我们做出的一切变革或者采取的措施，并没有让我们挣到钱，也就是说因果之间没有必然联系。

赚钱的道理很简单，就是增收节支，二者是对立统一的关系，比如我们不租那些比较贵的店面，我们的销售收入就上不去，因此我们要研究在不增加店面租金和运营成本的条件下，如何把销售额做上去，显然线上与线下销售相结合的方式就比较合适。比如我们自己设计，自己生产，好像可以管控质量，节省生产成本，但实际上由于我们的产量不大，再加上劳动力成本增加，单件生产成本一直居高不下，所以我们要研究关掉工厂，采取外包生产的方式，或者把工厂承包给员工，让他们自己消化生产成本。比如我们花了大量的资金去培训员工，但是这些培训项目不具备实操性和系统性，更不具备可复制性，钱花了，员工走了，所以我们要考虑建立运营管理系统，用系统去管理人，用系统去复制人，无论谁来谁走，公司可以一直高效率运营。

我们过去犯了两个错误：第一，要什么"果"不清楚，第二，原因没有找对，我们找出的原因、采取的措施与真正想要的"果"之间没有必然的联系。

四、解决方法是什么？

既然"果"搞清楚了，"因"找到了，因果之间的逻辑关系成立了，接下来就是具体的行动措施和解决方法了。

接着讲上边的案例。我们咨询团队主要采取了以下几个措施：第一，关掉不盈利的门店，只保留几个样板店，供散客和普通客户来店体验，店面功能从以陈列销售为主，变成以体验与私人定制为主，增加会馆的功能。第二，增加线上销售渠道，在电子商务平台开设旗舰店，利用社交媒体做社群营销和网红带货。第三，把工厂外包给员工，工厂按质按量向公司交货。第四，引进咨询公司协助建立运营管理系统，训练中层经理大量使用管理模板和工具，用流程复制我们的团队和模式。

我们没有做产品创新，也没有做设备升级，减少了80%的员工和店面数量，这些成本过去占总成本的50%左右，当然门店减少肯定会影响销量，使销售额下降了30%，但是我们的利润额却增加了35%，人均利润比以前翻了将近一倍。

这个战略就是典型的收缩和聚焦战略，收缩了战线，聚焦了利润，背后是真正提高我们企业的生命质量。

没有人天生就是赢家，我们也曾经为突破困局而付出了许多艰辛，但是当许多所谓的创新不能达成所要的结果时，我们就要进行反思。我们的问题到底是什么？我们想要的结果到底是什么？问题背后的原因和我们想要的结果之间是否有必然的逻辑关系？这个逻辑打通了，我们才能精准施策，把有限的资源聚焦在结果上，新的"因"必然产生新的"果"。

第四节
创新的心态修炼——不要面子，要结果

为什么创新的道理大家都懂，有些人却做不到呢？不是方法问题，不是资源问题，更不是市场问题，归根结底是心态问题。心态不是"大师"培训出来的，心态也不是突然有一天悟出来的，心态是养成自我反省的习惯，通过不断自我反思修炼出来的。什么样的心态才能有效推动创新呢？

一、否定过去：过去很成功不代表未来一定会成功

阻碍我们创新的第一个错误心态就是经验主义，认为过去我们依靠这个方法成功了，未来坚持这么做依然会成功，而事实证明，过去很成功不代表未来一定会成功，对过去成功的迷恋会阻碍公司的创新。

为什么有的人在应该创新的时候却不敢创新，甚至明知道这个方向是对的，却迈不开第一步呢？人性有弱点，天生就缺乏安全感，一旦创新超出了他的经验控制范围，就会感到不安全。用过去的成功去证明未来也会成功，这只是一个借口，本质上是不敢突破自己的心理局限。

过去我们靠走关系做生意，现在还管用吗？权力对市场的影响将会越来越小，而价值决定市场的作用会越来越大。过去我们强调员工对老

板要绝对忠诚，现在还管用吗？没有共同的价值观和互利共赢的利益机制，员工说走就说，连个再见都不会说。过去我们靠低质低档低价，走规模化道路就能成功，现在还管用吗？高价值低成本，走利润增长之路才是正道。过去我们相信"鸡蛋不能放在一个篮子里"，走多元化道路才会分散公司的风险，现在还管用吗？在市场细分越来越精确的今天，走专业化道路和保持由专业化构筑的高门槛，才是应对风险的最佳选择……

时代变了，过去的经验已经成为过去式了，过去的成功不代表未来也一定会成功。中层也好，老板也好，特别是年龄比较大的管理团队应当保持一颗年轻的心，敢于否定自己过去的经验，依据市场变化的规律和趋势，突破自己的心理设限，敢于"革"自己的命，只有敢于对自己"下手"的团队，才能够获得重生。

二、拒绝平庸：可以成功，可以失败，但不可以平庸

阻碍我们创新的第二个错误心态就是小富即安的心态，就像温水里的青蛙，自己感到很舒服，却慢慢丧失了创新斗志，退化了创新基因。这类企业在一般情况下，业务发展比较平稳，没有大起大落，虽然没有大富大贵，但是小日子过很滋润，员工待遇也不错，老板有闲又有钱，天天风花雪夜，日日歌舞升平。其实这样的企业已经开始走向平庸，因为没有一成不变的市场，没有一成不变的模式，今天日子过得好不代表明天也一定会好。管理团队应当调整自己的心态，面对员工可以风平浪静，但是我们的内心绝不能波澜不惊。要知道在暴风雨来临之前，海面

总是异常平静的，如果你是一个居安思危的人，就会预感到这是一种不正常的平静。

有一个大客户和你签了长期供货的订单，你就觉得安全了吗？万一有一天合作终止了，我们将靠谁吃饭？我们现在完全依靠线下的方式做业务，每天能见到客户和现金流，你心理就踏实了吗？万一有一天出现异常情况，每个人都隔离在家中，我们的生意将如何维系？我们靠自有资金实现滚动发展，坚持不欠人情不欠债，万一竞争对手融资成功，快速冲到了我们前面呢？我们实行了股份制，骨干员工成为公司的股东，真的就能实现一劳永逸，让员工像老板一样工作吗？万一有一天有更高的诱惑摆在他们面前，人心难道不会变吗？

这个世界上唯一不变的就是变化，今天的岁月静好，是我们用过去的奋斗牺牲换来的暂时安宁，不愿意突破舒适区的原因，是我们再也不想经历过去的痛苦。这是一种自欺欺人的想法，因为经营企业的一生都会痛苦，快乐只是痛苦与痛苦之间的短暂停留。

三、时常警醒：螳螂捕蝉，黄雀在后

阻碍我们创新的第三个错误心态就是骄傲自大的心态，这种心态在我们获得巨大成功的时刻特别容易产生，整个公司上下都自认为是无所不能的公司、天下无敌的公司，仿佛走上了人生巅峰，每个人都变得异常膨胀，这时候最容易出现风险。

有的公司终于上市了，殊不知，如果没有核心竞争能力和科学决策，没有小心翼翼的持续经营管理，以及对投资人和客户的敬畏之心，

往往站得越高就会摔得越惨。有的企业因为生产口罩，在新冠肺炎疫情期间一夜暴富，数钱数到手软，殊不知，短暂的辉煌过后，就是大量的过剩产能。有的企业的房地产被政府征收，获得了一大笔补偿，一生都没见过这么多钱，殊不知，如果只有来钱的幸运和花钱的冲动，唯独没有钱生钱的能力和掌管财富的德性，从暴发户到倒闭只有一瞬间。有的企业因为竞争对手的老板出问题了，企业轰然倒下了，自己突然成为行业里竞相争抢的香饽饽，殊不知，失去一个竞争对手，也可能就失去了自己继续进步的动力……

螳螂捕蝉，黄雀在后，物极必反，乐极生悲，在我们陶醉于成功的时候，危机已经悄悄来临。成功应当庆贺，成就应当自豪，但千万不要被成功冲昏了头脑，因为市场中一直危机四伏，商业形势千变万化。只有有备无患，持续创新，为应对未来的危机做好准备的企业，才能实现基业长青。

四、保持活跃：团队喜欢"新鲜感"

阻碍我们创新的第四个错误心态就是喜欢"安静"的心态。心如止水，参禅打坐，这是人生修行的极高境界，但是大家千万不要以为心如止水就是"行"如止水。大师们之所以能够保持内心安静，是因为他们看清了事物变化和生命成长的真相，从而产生了一种超然的自信与坚定。生活需要安静而祥和，因为生活要享受健康和快乐，然后才能感悟生命的意义。做企业不能喜欢安静，那些所谓的安静，也是假装的安静，这种安静其实就是一种自我麻木，缺乏一颗好奇、创新、进取的心。在企业中，办公环境应该是安静的，生产秩序应该是井然的，争论问题时应该是态度平和的，但是面对瞬息变化的市场形势和不断升级的客户需求，企业应该永远保持创新的竞争状态。

从执行的角度来讲，企业经营需要平稳的运行，每天都要做重复的事情；从战略的角度来讲，创新的思考一刻都不能停，让团队每天都有新鲜感。我们的产品能不能再提升一个层次？我们的新客户开发能不能再有一些更好的方法？我们的项目回款是否还有更好的方式？我们的激励政策是否还需要进一步调整优化？我们的线上营销是否还有更好的平台……每天都有新挑战，每天都要充满新活力，因为团队喜欢"新鲜感"。

第六章

部门的协作者
——配合别人就是本职工作

中层经理的位置非常特殊，他处在内部关系的"十字中心"，对上执行上级的命令，对下指挥团队作战，左右还有部门协作。许多中层经理上下关系都处理得非常好，但是左右部门之间的关系却处理不好，要么是怨天尤人，抱怨别的部门不支持自己工作，要么就是自扫门前雪，不管别的部门的困难。优秀的中层经理，善于为其他部门提供结果，通过与其他部门的精诚合作，完成团队的共同目标。因此"硬核中层"还有一个特别重要的角色修炼，就是当好"部门的协作者"。

我们经常有一种错误的观点，认为只要做好自己本部门的工作就可以了，其实没有绝对的"本部门工作"，所有部门的工作都是为其他部门提供价值和结果的，否则这个部门也就没有存在的价值。因此，正确的理念应该是，中层经理配合其他部门的工作，并不是额外的工作，而是份内的工作。我们需要回答的问题不是配合与不配合的问题，而是如何配合好的问题。

第一节
协作的精神——不是一个人在战斗

一、部门之间的配合是公司业绩的保障

企业中的供应链有两种，一种是大供应链，也就是我们的上游客户和我们的下游客户，以及处于中间的我们公司内部的运营，共同组成一整套业务运作链条。另一种是小供应链，也就是指我们公司内部的运营系统，这个系统一般是以销售部为前端，以采购部为后端，以一线业务部门为运营主线，以职能部门为后台保障，最终为客户提供优质产品和服务的内部合作。

一谈到公司业绩，人们往往习惯地认为，要么是销售部或者市场部门的事情，要么就是项目部或者生产部的事情，而其他部门总觉得与自己关系不大，这是一种错误的理解。正确的理解应该是，有的部门跟业绩有直接关系，有的部门与业绩有间接关系，而往往与业绩有间接关系的部门，对业绩目标的实现却起着极其重要的作用。

比如销售部业绩不好，与人力资源部有没有一定的关系？如果我们的招聘、培训没有做好，薪酬绩效考核制度不完善，即便销售部经理再努力，但是要人没人，要能力没能力，要激励政策没有激励政策，他们如何去市场上面对客户和竞争对手？比如生产部门的成本控制做得不好，

我们的市场报价总是忽高忽低，这与财务部有没有一定的关系？如果我们的生产成本核算不清楚、不精准，请问生产部经理怎么能知道生产成本控制达到了标准？销售部经理怎么能正确报价，以确保公司获取合理的利润？比如最近一段时间员工的工作积极性普遍下降，生产效率降低，请问与行政办公室有没有一定的关系？如果我们的员工吃不好、住不好，生活环境和工作环境都非常差，请问员工的工作积极性从哪里来？

因此，在内部供应链当中，每个部门都是其中一个关键节点，如果某个部门或某个部门担负的职能不能发挥应有的作用，我们内部的供应链就会效率低下，甚至断裂停摆，这就要求我们部门经理必须要有部门之间配合工作的意识和能力。只有业务部门全力以赴做市场、做供应、做服务，职能管理部门及时提供组织管理、监督指导和服务保障，我们的团队才能形成一个高效运转的运营链条，创造出更好的公司业绩。

所有的部门经理都必须要懂得，没有绝对的本部门工作，我们部门的工作本质上都需要为其他部门提供价值。换句话说，如果不能为其他部门提供价值，我们的部门就没有存在的意义了。

二、部门之间的默契是公司成熟的标志

部门之间的配合水平有多高？是靠老板吼，靠副总催，靠下游部门去追，还是按照公司的计划、制度和流程，主动为下游部门提供结果？部门之间的配合是否默契，是判断一家公司是否成熟的主要标志。

有的企业已经有十几年的历史了，从产品和业务形态上看已经非常成熟了，但是从管理的角度来看，可能还非常幼稚。部门之间主动配合

非常困难，财务部要一个报表需要反复催促，质检部要做一项产品检查，就会有许多人表示反感，销售部想请技术人员给客户做一个讲解，半天没有收到回复，生产部需要的原料和配件迟迟不到位……等到开会的时候，老板去追问这些问题，结果得到的回答都是理由，什么"最近太忙呀""人手不够呀""员工不给力呀""不具备条件呀"……这哪是一群成年人在经营公司，简直就是一群小孩在过家家，你说幼稚不幼稚？

你的工作忙，这不是不配合其他部门的理由，因为你忙碌的结果就是要为别的部门提供支持。你的人手不够，可以进行工作量与能力对比分析，如果确实有需要，应当及时向人力资源部门提出招聘员工的申请。你的员工不"给力"，那更是我们中层经理自己的事，是我们的训练和培养工作没有做好。现在有困难，以后还会有困难，但这不是我们不为其他部门提供结果的理由。

成年人与儿童之间最大的不同在于，成年人有独立的人格，知道为自己所做的一切负责，而小孩还没有长大，还具有依赖人格，出了问题就会怨别人。成熟的公司是心中有原则的公司，成熟的公司是为他人着想的公司，成熟的公司不需要别人去追，会主动向他人提供结果，成熟的公司是不讲理由，只讲方法和结果的公司，成熟的公司是在别的公司内部管理混乱、推诿扯皮的时候，已经把钱悄悄装进自己口袋里的公司。

成年人与儿童最大的不同还在于，成年人工作起来效率很高，而且非常安静，而小孩天性顽皮，又哭又闹，不懂道理还十分任性。成熟的公司是按照制度和流程做事的公司，成熟的公司不需要有人专门来协调部门之间的矛盾，成熟的公司是出现错误后自我反省、主动改进的公司，成熟的公司是在别人吵吵闹闹的时候，自己已经安安静静地走出很远的公司。

因此中层经理在与其他部门进行协作的时候，应当把其他部门的需要当成自己的责任，把为其他部门提供结果当成自己的主业，把计划、流程和标准作为解决部门矛盾的依据，这样的团队才是成熟的团队，这样的公司才是成熟的公司。

三、部门之间的鼓励是团队精神的体现

什么是团队精神？团队精神的下限是不给别人添麻烦，团队精神的上限是相互之间的鼓励和感谢。

销售团队拿下了一个大客户的订单，我们大家会为他们热情鼓掌；技术团队攻克了技术难关，我们大家要为他们点赞；生产团队加班加点完成了看似不可能完成的生产任务，我们大家应该为他们加油；项目部克服了重重难关，追回了最后的项目款，给公司全年业绩目标画上一个圆满的句号，我们大家应该为他们喝彩……

采购团队历尽千辛万苦采购到了特别难买到的生产原料，保证了生产线的需要，生产部应当向他们表示感谢；质检部通过改进质量检测方法，加快了产品出厂的速度，保证了客户紧急订单的需求，销售部应当向他们表示感谢；人力资源部不折不挠，终于挖来了公司需要的技术人才，保证了公司研发项目的正常进行，技术部应该向他们表示感谢……

不要吝啬给他人感谢和赞美，当我们的伙伴克服了异常的困难，付出了超常的代价，做出了艰辛的努力，给公司创造了巨大的收益，给我们提供了有力的支持时，我们应该由衷地表示感谢和赞美，只要是真情

流露、发自真心就好，不要拘泥于形式，发个微信也行，当面说一句也行，开会的时候正式表达一下更好。

　　一个冷冰冰的团队和一个相互鼓励的团队，让人感受到的文化氛围是不一样的。鸡犬相闻，老死不相往来，是农耕社会的小农意识，是心无他人，自以为是的"小家子气"，是那种别人不说我好，我也不说别人的好，我们互不相欠的"小心眼"。赞美别人，鼓励别人，为别人的辛勤付出而喝彩，这是一种高尚的品德、宽广的胸怀，会让我们的团队更加和谐，让我们更加主动地相互配合，让我们事业上的情感更加深厚。文化是制度的"润滑剂"，相互鼓励的团队精神、相互配合的职业品质，会让我们的制度流程执行起来时，"摩擦力"最小，效率最高。

第二节
协作的原则——服务他人，接受管理

一、内部客户的原则：把协作部门当客户看待

　　我在《执行就是要结果》一书中，已经把外部客户和内部客户的概念说清楚了。在这里，我再强调一下部门之间的关系，从本质上来讲就是内部客户的关系，上游部门把下游当成客户，下游部门也应该把上游部门当成客户。既然是客户，就要敬畏客户，而不是怠慢客户，要满足客户全部的合理要求，而不是满足一部分要求，要完成对客户的结果承

诺，而不是答应之后不去做。我们的团队只有把内部客户价值上升到信仰的高度，部门协作才真正拥有了共识基础。

当财务部向我要统计报表的时候，我是否把财务部当成了内部客户？如果当成内部客户，就会理解财务部收集报表的意义，只有做好统计与核算，他们提出的财务数据和财务建议才会科学精准，对公司的决策才具有重要的参考价值，对每个部门的成本管控才具有重要的指导意义。因此，我应当及时、准确、全面、真实地上交统计报表，并随时接受财务部的询问和调查。

反过来，财务部也应该把提交报表的部门当成客户，要认真检查我们的报表是否有简单通用的模板，避免给上报部门增加不必要的工作量；要在第一次要求上交报表之前，对填写报表的统计人员进行专业化辅导，最好是做出样本示范；如果正赶上其他部门业务繁忙，可以宽限几天，但是对那些有条件按时上报而故意不上报的部门，要及时给予警告和处罚。

同样，生产部要求采购部要及时准确地采购原料，那么生产部所提交的计划就要有提前量，内容要做到全面、准确、无误；销售部要求技术部给客户讲解解决方案，就应当将客户的全部信息及时提供给技术部；策划部要求店面开展促销活动，就应当详细讲解促销方案，直到他们彻底理解、能够做好为止……

因此，我们从理念上必须要搞清楚，不能把其他部门要求我们做的工作，当成别人给自己增加的额外负担，也不能把自己给其他部门提供的支持与配合，当成是我送你的人情、我还你的人情，这些文化都是江湖文化，而不是职业文化，在我们部门配合当中要坚决反对和屏蔽。

二、系统操作的原则：系统比自觉更重要

部门配合需要共识，部门协作需要自觉，但是人有时候并不自觉，有时候不会做，有时候忘了做，这时候系统就显得更加重要了。这个系统就是运营管理系统，系统可以让不懂的人有章可循，让不愿意做的人不做不行，让经常忘事的人得到提醒，用机制的力量保障团队的合作，这是所有企业内部高效率协作的秘籍。

系统操作的指导思想就是四个字：分工合作。所谓分工，就是部门职能划分清楚，岗位职责界定清楚，高管分工划定清楚，考核指标量化清楚，周月计划结果清楚，所使用的管理工具也十分清楚，包括组织架构图、部门职能说明书、岗位职责说明书、KPI考核指标库和周月计划表等。分工体系就是要把各个部门、各个岗位，对什么负责，要什么结果都明确清楚。所谓合作，就是指二级流程，二级流程就是部门之间的合作流程，流程是做事的顺序、方法与标准，包括流程图表、作业指导书、操作指南、程序文件和工艺规范等，合作体系就是要把各部门、各岗位之间开展协作的程序和方法搞清楚，提高部门之间的协作效率。

分工体系解决纵向的责任划分问题，协作体系解决横向的流程协作问题，纵横交错就构成了团队协作的基本管理体系。有了运营体系，谁负责什么就很清楚，协作事项的发起人是谁就很清楚，谁做出什么结果、提供给谁就很清楚，所提供的结果是否符合标准就很清楚，从而在机制上避免了由于含糊不清而导致的推诿扯皮。同时，在体系的作用下，上游不作为，下游可追问，对不作为的部门或者岗位就会及

时提醒。

我们用订单管理流程来举例说明，其起点是销售部获取客户购买需求，经过初步判断后，认为他们可以列入目标客户。因为是非标产品，所以需要技术部提供技术方案以及报价，再由销售部与客户谈判签约。签约之后，销售部派单给生产部，生产部派单给采购部，同时下发生产工艺和计划，生产部根据工艺要求组织生产，成品交给质检部检验入库，再由物流部发货给客户，客户验收后付款至财务部，财务部收款入账并通知销售部。在这个流程中，除了客户属于外部客户之外，销售部、技术部、生产部、物流部、质检部、财务部，都是彼此的内部客户。

在系统化的部门协作过程中，上游主动给下游提供结果，下游有义务接受流转的任务，并在处理后转交给自己的下游，当然也有权力拒收不合格的结果，从而保证团队协作的高质量与高效率。

三、归口管理的原则：平级之间也有领导

对于部门之间的协作，多数情况下是和谐高效的，但是有时避免不了会产生某些矛盾，如果公司有制度和流程，大家可以按照制度流程去解决，如果没有制度流程，通常的做法是找分管领导解决，可能是分管副总，也可能是总经理、董事长。

从运营管理的理论上讲，领导的管理幅度越大，决策的及时性和准确度就越差，也就是我们常说的矛盾上交，给领导出难题。由于领导不可能掌握每个问题的实际情况，又怕决策出错，就会反复斟酌，迟迟不

做决策，同时下边积攒的问题也会越来越多。部门之间的配合越乱，公司运营效率就越低。

正确的做法是启动归口管理机制。公司指定某类事情由某个部门进行归口管理，这类事情通常是由两个或两个以上部门合作完成的，如果执行过程中出现矛盾，则由这个归口部门的经理代表分管领导做出决策和处理，并承担最终的责任。在整个过程中，如果不是重大问题或者原则性问题，也不是制度中不明确的问题，只是日常经营管理问题，一般不需要请示上级领导，只需要把结果完成后，向上级领导汇报一下就可以了。

比如近一个季度，车间普工的招聘非常难，即便是新员工上岗了，试用期流失率也很高，导致工厂出现用工不足，影响生产计划的完成。首先，这件事情是由人力资源部、生产部、行政办公室共同负责的，人力资源部是归口管理部门。其次，由人力资源部负责牵头，组织两个部门共同分析原因，制定改进计划和方案。从他们的分析来看，员工招不来、留不住的主要原因是：计件工资太低，员工生活条件较差，工作时间过长，企业缺乏培训，干部关爱不足五个方面。最后，按照改进计划做好分工，分头执行。计件工资太低的问题，由人力资源部负责制定新的计件工资方案，由生产部经理审核、总经理审批后执行，确保对劳动力市场有吸引力。生活条件比较差的问题，由行政办公室负责解决，人力资源部与生产部负责验收，改善吃、住、网络、体育锻炼、娱乐活动等生活条件，确保大多数员工满意。员工工作时间长的问题，由人力资源部提出新的员工作息制度，由生产部提供改进生产工艺和设备升级的方案，以提高员工单位时间的工作效率，尽量减少不必要的加班。员工试用期培训计划，由人力资源部提出，由生产部负责执行，确保员工在试用期期间得到全面的培训，对公司的基本制度、文化和业务技能要求能够全面了解和掌握。

除了员工计件工资的新规定需要报总经理批准之外，其他工作在人力资源部的组织下，三个部门密切配合，就可以达成我们想要的结果，解决我们面临的问题。其实总经理不是不知道这件事情的解决过程，而是不用花更多的精力去解决矛盾和争议，去协调和处理部门分工，归口机制减少了许多不应当由总经理出面解决的事情。

采用归口管理的办法，不但极大减轻了总经理和董事长的工作压力，增加了归口部门经理的领导责任，加快了部门之间解决矛盾和处理问题的速度，而且打破了部门之间的等级观念。归口负责制度告诉我们，平级之间也有领导，这个领导既有权利又有义务，在处理合作事宜上归口部门的经理相当于总经理，有决策权、指挥权、监督权、奖罚权，当然如果出现问题，总经理只会追究归口部门经理的责任。

四、信息对称的原则：让团队知道你进攻到哪里了

在共享经济的年代，信息对称是最重要的管理原则之一。所谓信息对称就是在完成结果的全过程中，将配合部门应当知道的信息全部发出去，以便于得到他们的支持，也便于他们做好下一步的工作决策。通过信息对称的管理方式，看似每个部门在做自己的专业工作，但实际上你的工作进度和过程结果，以及是否需要别人帮助，其他部门都会了如指掌。整个团队就像一支信息化作战部队一样，分兵作战，互不相见，但

可以即时通话，信息畅通，大家密切配合，共进共退，出色地完成一项团队协作的任务。

有一家制造智能化非标设备产品的企业，公司规定销售部得到客户购买意向时应当先做出自我判断，如果是目标客户，就应该转到技术部做方案设计。意向客户的情况会列入公司的CRM管理系统，技术部经理也能够看到客户的详细信息，并做好相应准备。但是有一次，某家目标客户信息已经被销售部录入到系统当中，但是隔了三天技术部依然没有见到销售部转过来的《技术方案设计联络单》，这是非常反常的现象。于是技术部经理就向销售部经理询问情况，了解客户的采购意向，销售部经理说："后来我们经过细致分析，又觉得他不是我们的目标客户，所以就直接回绝了。"技术部经理说："你回绝客户以后，为什么不在系统中取消意向订单？我还每天期盼着你的联络单呢。"销售部经理马上说："实在对不起，我把这个事给忘了。"

类似这种信息不对称的管理行为比较常见，要么就是信息屏蔽，该知道的部门不知道；要么就是信息出现变更以后，也不通知相关部门，让别人在那傻等着；要么就是已经完成了，也不告诉相关部门，让大家依然处于待命状态；要么就是没有做完，也不告诉大家具体进度，遇到困难以后在自己心里闷着，导致大家不知道如何提供支持，那些以他的进度和结果为计划依据的部门，也不知道如何安排下一步工作。

站在别人的角度去思考问题，以利他的思想去提供信息，做到时时心中有他人，是能够做好信息对称的职业修养。

第三节
协作的自我修养——协作"四问"

一、我的结果都需要谁知道？

如果我负责的部门要完成的一项具体工作，而且是需要其他部门来共同配合的，那么我要在工作启动之前，就明确结果信息都需要谁知道。

比如我是人力资源部经理，现在需要招聘一名普通的生产工人，在这一项招聘工作开始之前，就应当十分明确地知道，需要生产部经理、招聘岗位的班组长、财务部和行政办掌握我的整个招聘过程。因为用人申请是由班组长和生产部长提出的，虽然招聘工作主要由人力资源部负责，但是面试结束之后，需要生产部进行业务复试，复试通过之后，要通知财务部做好新员工信息录入，要通知行政部给新员工安排吃住，还要通知班组长和生产部经理，做好员工入职接收。不能招聘完了，给新员工发了入职通知书，就自认为完事了。结果新员工到生产部报到时，人家不知道他是谁，报到当天也不知道住在哪，不知道怎么吃饭，财务部也没有发放工资的信息。可能在这些部门扯皮的时候，这位刚刚招来的员工已经辞职了，因为他觉得这家公司太不靠谱了。这一切麻烦和损失都是信息不对称造成的，责任都在人力资源部经理身上。所以我们在做每一项工作之前，就要弄清楚应该向谁提供信息，那样就会有意识地发布相关信息，避免刚才出现的那些错误。

二、我的过程结果发出了吗？

在执行的过程中，执行人发布过程信息非常重要，一方面让监督你的人能够知道你的工作进展情况，便于指导你的工作；另一方面也让配合你的人知道，如何去配合你的工作。但是我们往往不习惯于发布过程信息，配合部门也不知道你完成与否，听不到工作进展的任何声音，再加上有些公司没有周会、月会，导致各部门的工作信息相互之间完全屏蔽。在这些公司里，只有总经理知道各部门工作进展情况，所以他就要花大量的时间和精力去通报进展情况、协调分工配合。这种管理手段是非常封闭而落后的，也是费力不讨好的。当我们把职责、流程明确了，大家都知道自己负责什么，也知道如何去配合别人，接下来就是做好信息公开。总经理看着微信群，盯着ERP，浏览着邮件，或者看一看钉钉，就可以全面了解各部门的工作进展情况，不到万不得已的时候，不去干涉各部门的工作，直接等着最后的结果，这种管理状态多轻松。

中层经理为什么不及时公告过程结果呢？有的认为太麻烦了，到最后完成时再公告也一样；有的认为过程结果没有做好，怕公告出去丢面子；有的就没有共享信息的习惯，一忙起来就忘记了。及时发布过程信息，不是要求你天天公告，也不是做一点事情就要公告，而是要在关键节点上发布公告。什么叫"关键节点"？看流程，流程中规定的重要阶段，就是我们发布公告的时间点。

还是以人力资源部招聘普工的事情为例，发布招聘信息以后要公告，应聘者什么时候面试，有多少人参加面试要公告，面试通过的名单要公告，员工签订了劳动合同以后要公告。假如计划七天当中要完成三个人的面试，但是由于各种原因没有完成，也要发出公告，不能因为没有完成而不声不响。出现计划变动时，要及时公告相关部门，告诉大家本周没有完成面试，下周再增加两个招聘渠道，以提高面试到场率。

不论一项工作的周期是长是短，其过程中一定会有关键节点。每一名有协作意识的中层经理，都应当熟悉这些关键节点，并及时发布过程结果信息，让团队共享信息，便于协同作战。

三、我的最终结果发出了吗？

当完成了一项工作之后，部门经理应该发出最后的结果通告。发出通告的目的是让上级领导放心，知道任务完成了；要让考核部门知道，标记完成的时间节点和质量；要让合作部门知道，我们共同承担的任务结束了，或者我的最终结果就是你们工作的开始；要让员工知道，我们已经完成了这项工作，大家都辛苦了。

最终结果的发出，可以在部门周报、月报中体现，我们在开展"5i运营管理体系"训练过程中，要求部门经理在计划中对结果定义进行准确描述，清晰地写明"完成……达到……见到……并公告"，这个"公告"就是最终的结果信息公布。没有接受过"5i运营管理体系"训练的企业，至少要强调部门经理要在第一时间公告最终结果，并培养大家共享信息的工作习惯。

需要指出的是，无论是公告过程结果还是最终结果，主要以公告消息为主，必要的时候才需要提供完成的证据。比如新员工签订劳动合同以后就要公告——生产部两名普工（姓名）已签订《劳动合同》，请知悉。没有必要把《劳动合同》发在群里，因为《劳动合同》对生产部、行政部和财务部都没有直接的意义，人力资源部存档就可以了，除非公司规定需要财务部备案，才可以把合同复件交给财务部。比如员工离职谈话完成以后要公告——员工（姓名）离职谈话已经结束，本人同意离职，没有特殊要求。请各部门按照公司离职流程办理，并公布《XX员工离职谈话记录》。为什么要公布这个离职谈话记录呢？因为这份记录对有些部门是有直接意义的，特别是员工曾经工作的部门，员工在离职之前，可能会谈到公司管理当中存在的问题，以及改进建议和希望，这些建议与希望对我们改进工作是有价值的。

四、我对他人的信息及时反馈了吗？

作为一个部门经理，不仅要及时发布需要其他部门了解的信息，同时也要对其他部门发出的、与自己有关的信息做好及时反馈，如果不能马上反馈信息，也应该承诺做出答复的具体时间。

反馈信息有三种类型，第一种是知道即可，不需要决策，这种情况下通常回复"收到"。第二种是需要判断对与错，这种情况下通常回复"确认"或者"不确认"，"正确"或者"不正确"，"通过"或者"不通过"。第三种是需要做出决策，就是决定这个事情"做"或者"不做"，这种情况下通常回复"同意"或者"不同意"。

第二种、第三种情况中会有"否定性反馈"，可以是否定全部内容，也可以是否定部分内容，无论什么情况，都不能一否了之，还要在回复中告知对方应如何处理。对于后续处理方式，也有两种回复形式，一种是建议型，另一种是决策型。建议型回复就是供对方参考，决策型回复是要求对方必须这样做。比如公司召开总经理办公会之前，销售部经理给办公室主任发了一条信息：我在接待客户，今天的会能否不参加？总经办主任回复：不可以，建议你向总经理请假，今天的会议很重要。这就是建议型回复。如果回复：不可以，老板说今天必须全员参会。这就是决策型回复。

无论什么类型的反馈，只有一个标准——必须明确，不能含糊。不能出现"嗯""哦""不知道""不清楚""不好说""先放我这吧""好像可以吧""要不等等再说""你说呢""你什么意见""你不清楚这事怎么办吗"等这类含糊的回复，或者反问式回复，这等于什么都没有说，还容易引起误会和矛盾。

反问式回复通常用于上级故意考验下级的场合，其实上级非常清楚这个问题的答案，但是为了不错过训练下属的机会，才会采用反问式答复，让下属自己回答自己的问题，以便形成一个正确的记忆。比如，销售部长问总经理："这个客户还是想让我们降价，您看怎么办？"总经理回复说："除了降价，就没有其他方法了吗？"这是在考验销售部长解决问题的实际能力，或者是在考验销售部长的定力。除了上级考验下级这种特殊情况之外，通常部门经理之间不要用反问式回复。

部门经理身处在团队协作的接口上，是公司内部供应链能否顺畅运行的关键所在。在"部门协作者"这个角色的修炼中，逐渐去除本位主义，树立服务意识，把其他部门当成自己的客户，把为其他部门提供结果当成自己部门的本职工作，依照计划、流程、职责分工等系统，主动提供支持和配合，把协助工作完成好，公司内部供应链的运行效率才会最高，我们的团队也会变得更加和谐。

第七章

制度的执法官
——公平与正义的化身

第七章
制度的执法官——公平与正义的化身

没有规矩，不成方圆。这句老话大家都懂，但是为什么有了规章制度之后，大家却都不遵守？甚至在许多公司流行着这样一句话——制度是死的，人是活的。这一方面反映出人们不理解制度管理的意义，另一方面反映出有些人骨子里就不敬畏制度。

这跟中国的封建传统文化有关系，我国古代也强调法治精神，也有庞大的法典体系，但是统治者在施政的时候，更多的不是依法办事，而是依据个人意愿。法律是有需要的时候才用，是权力的附属品，为的是让权力凌驾于法律之上。这种文化的影响力依然残留在我们部分公司之中，有的人不懂法，也不想懂法，懂法以后也想钻空子，反正有些人就想成为"法外之身"。

随着中国改革开放的深入推进，现代企业制度开始引入中国，法人治理结构逐渐完善，商业文明在企业中开始培育，从老板到员工逐渐认识到，公司的规章制度是保证公司规范运作的基石。中国企业在制度化法制化建设方面，虽然有各种各样的不足，但我们已经走在正确的路上，现在需要走得更彻底、更完善、更有效。

制度就是公司的法律。制定并推行制度的意义，一是要讲求公平性，二是要讲求效率性。所谓公平性，就是要同时照顾好客户、股东和员工的利益，实现共赢；所谓效率性，就是整个团队都要按照制度去执行，防止各行其道，团队协作效率最高。制度的作用也有两种，一是激励作用，就是要采用各种激励手段，激励那些为客户、为公司、为团队创造突出业绩的人；二是约束作用，就是要制定各种限制性规则，制约、防止和消除那些损害客户、公司和团队利益的行为。

在制度化建设过程中，老板起着至关重要的决定性作用，公司的许多制度，都是老板在总结经营管理的经验教训之后提出来的，经过实践检验，经过大家的讨论，最后变成行之有效的规章制度。不过，中层经理在制度化建设中的作用还没有完全发挥出来，在公司制度化建设过程中，中层经理既是制度的执行者，也是制度的立法者，更是制度的执法者。在三个角色当中，当好执法者是最重要的，因此，"制度的执法官"是"硬核中层"需要修炼的第七个角色。

第一节
执法官的责任——捍卫多数人的正当利益

一、全面了解制度：我可以代表制度，但是不可以代替制度

要想成为一名好法官，必须要全面了解和掌握法律法规，要想当一名好中层经理，必须要熟悉公司的规章制度。我们经常看到这样的情景，员工在工作中出现错误的时候，中层经理都会当场指出，但是员工会反问道："你凭什么说我错了？请你拿出依据来。"此时中层经理却这样回答："我说你错了，你就错了。"

如果是常识性错误或者职业道德类错误，那就不需要拿出什么证据，是非对错不用争辩。比如你收到了开会通知，却无故迟到，让大家等你，这就是你的错，不需要拿出什么凭证，这是人的基本职业道德准则。如果是比较复杂的事情，需要用技术标准或者管理标准来衡量，我们就不能用自己的主观认识来做出判断。

比如一位财务部长在审核员工的出差费用报销单时，认为费用超支了，告诉员工这部分可以报销，那部分不能报销，那么员工就会问："什么叫多，什么叫少，公司有明文规定吗？"财务部长说："我说多了就是多了。"

比如一位质检部长在检查过程中发现某位员工的操作出现错误，然后现场要求员工返工，结果员工很不高兴地说："你凭什么说这道工序有错误？"这个质检部长说："我做了十几年的质检工作，难道看不出这点问题吗？"员工说："你拿出标准给我看看！"质检部长说："标准都在我脑子里，用不着看，我说错了就错了，抓紧时间返工，否则计件任务就不算完成。"

这种情景在我们的企业当中还是相当普遍的。谁是法？谁官大谁就是法吗？谁有权力谁是法吗？如果中层经理对公司的规章制度了解不透不准，可以先去学习；如果了解清楚了，就要拿出具体标准，让员工心服口服；如果没有制度或者制度不完善，应当马上完善制度，组织员工学习之后再按照制度执行。

作为一名中层经理，首先应当对公司的现行制度了如指掌，特别是涉及自己职责范围的规定、办法、标准、流程、数据和管理工具，应当特别清楚。另外，当部门之间，上下级之间，对一个问题的看法不一致的时候，我们应该先说"看看制度怎么规定的"，而不能说"我认为"。没有制度或者制度不完善，这本身就是我们中层的失职，应当马上吸取教训，建立和完善公司的制度。

"我可以代表制度"，说明中层经理就是公司制度的代言人，所做的一切决定都依照公司的制度，他们的行为代表公司的行为。"我不能代替制度"，说明在一些比较复杂的问题上，在公司制度空白或制度不健全的前提下，不能用自己的权力和个人主观意志来代替制度，没有制度我们可以建立制度，但是不能说"我就是制度"。

二、反复宣讲制度：没说，是我的责任；没做，就是你的责任

公司的制度跟国家的法律法规有相同之处，也有不同之处，国家的法律只要正式公布以后，就对全民产生了约束力，公民看不看，了解不了解，都不是追责的依据。只要你触犯了法律，就会受到法律的制裁，有些违法的人可能会说自己不懂法，不知道相关法律的具体规定，这在法庭上是站不住脚的，只要你是具有独立民事行为能力的人，只要你是法律管辖范围内的人，公告即视为知道。而公司的规章制度，不能一说了之，特别是涉及员工利益和客户利益的制度，应当向员工不断宣讲，做到人人皆知，必要时还要组织员工进行培训，培训之后还要进行考核，或者签字确认，并承诺执行制度。

首先，在员工入职时，就应当对员工进行规章制度培训，我们称之为"应知应会"教育，如果公司有《员工手册》，应当结合《员工手册》，对新员工进行中公司基本制度和企业文化教育。基本制度包括

《考勤制度》《安全管理制度》《保密制度》《财务费用报销制度》《合同管理制度》《薪酬管理制度》《绩效考核制度》，另外还包括部门职能、岗位职责、业务流程、管理工具、职业道德规范、企业发展历史和公司文化、价值观。

成批招聘员工的大型公司，应由人力资源部或企业内部的专门培训机构，对新员工进行定期的有计划的脱产培训。在中小企业中，对零星入职公司的员工，可以发放公司的规章制度让员工自学，人力资源部指定专人定期检查和解答员工的学习情况，最终还要让员工参加重要制度的笔试或者口答，在自愿的基础上请员工签署遵守规章制度承诺书——我已经阅读过公司上述规章制度，并承诺遵守执行。

其次，对于老员工也要经常宣贯规章制度。一方面，公司的规章制度随着公司的发展在不断更新，新的规则出来之后，必须由中层经理向员工讲解，重要的制度还要进行培训和考核，使员工随时随地了解公司的最新规定。另一方面，人们都有职业疲劳感，也会遗忘一些法规知识，甚至法规意识变淡了，遵守规章的自觉性降低了，这也是公司出现违规违纪现象的主要原因。因此，中层经理要在每月的例会之后，针对上个月出现的违纪问题，专门进行制度讲解，或者在一些重大事发生之后，要结合案例对员工进行规章制度教育，不断巩固和增强员工的法纪意识。

最后，在平时指导员工工作的过程中，要对照公司的规章制度，检查员工的执行行为，防止和纠正员工违反制度的行为，鼓励和奖励员工遵守制度的表现。新员工的入职培训和老员工的新制度讲解，都是一对多的培训方式，并没有解决员工的个性化问题，甚至有人会认为这是讲给大家的，跟我没什么直接关系，我只是听听而已。因此，在平时工作检查中灌输制度意识、宣讲标准规范的做法是最有效的，只有当员工在自己操作过程当中遇到了实际问题，再有人对照制度判定对错，对照标准纠正行为，员工对制度的理解和感触才是最深的。

为什么重要的制度在培训之后要组织考核，甚至要在自愿的基础上签字确认呢？形式都是为内容服务的，签字本身是一种仪式，可以提高员工对制度的敬畏感和执行制度的严肃性，也可以在出现问题的时候，拿出承诺进行自我反省。另外，其还有一个重要作用，就是在处理劳动纠纷时保护双方的合法权益。

有人说在遵守制度方面，公司有绝对的优势，而员工却是权力前面的弱者，这是一种片面的理解。随着现在员工年轻化、知识化程度的提高，员工的维权意识也在提高，从雇佣关系看，公司作为雇主当然有决定是否聘用员工的权力，但从受雇一方的员工来看，也有拒绝被聘用或者辞职的权力。劳动合同是双方平等协商、相互承诺的结果，一旦签订了合同，员工就要遵守公司的规章制度，公司也应当按照规章制度兑现对员工的承诺。中层经理在处理涉及员工利益的事件时，要依照公司与员工签订的劳动合同执行，任何一方有违反劳动合同的倾向或者表现，中层经理都应当给予善意的提醒。

中层经理通常要代表公司对员工进行制度宣讲与教育，当员工出现违纪情况时，中层经理首先要检讨自己，是否向员工进行了充分的事前说明。如果没有事前说明，那就是我们工作的失职，应该向员工赔礼道歉，并且立即纠正和弥补。如果事先说明了，员工也做出了承诺，还明知故犯，那我们该怎么处理就怎么处理。

因此，在员工了解和掌握制度之后，还要不断进行提醒，要在提醒和纠正当中，加深员工对制度的印象。处罚员工永远不是我们管理的目的，执行制度也不一定就是单纯的惩罚，制度当中有许多奖励规定，对那些表现优异的员工、模范遵守制度的员工，要及时进行奖励，这也是我们执行制度的重要组成部分。

三、带头遵守制度：员工不看你说的，只看你做的

中层经理向员工宣讲制度，员工却不以为然，中层经理用制度去管理员工，员工心中不满或者有抵触情绪，出现这种情况时我们就要好好反思一下，自己带头遵守制度了吗？因为员工不会看你说的，只会看你做的，制度的执法官首先是遵守制度的模范和标兵。

我们要求员工开会不要迟到，但每次开会时中层经理都有人迟到；我们要求员工不能在非吸烟区抽烟，而我们中层经理却不把这条纪律放在心上；我们要求员工上班时必须佩戴胸卡，穿统一制服，而中层经理却要搞特殊，穿着也非常随便；我们要求员工按照工艺标准去生产，而有些中层经理却不知道标准是什么；我们要求员工必须遵守安全操作规则，而有些中层经理根本就没有安全意识……中层经理带头违反制度，还怎么去管理员工？

恐怕有人会说，我们毕竟是管理层，毕竟与员工有所不同，比如说员工上下班需要打卡，我们经常加班加点，难道每天早上还要按时打卡吗？健全的制度应该既有通用性规定，也有个性化规定，要针对特殊人群中出现的特殊情况制定相应的规定，这些规定不是一种特权，而是另

外一种公平。有的公司就对一些特殊岗位实行弹性工作制，可以不用到公司打卡，在微信群中公告自己的时间安排即可，因为这些岗位加班比较多，或者对外接触比较多，让他们自己管控作息时间，更有助于提升工作效率。

华为公司有一位年轻的科学家，在数学研究方面很权威，他在华为公司工作了十几年，好像天天都在玩电脑，多数人都不知道他在干什么，公司也不"管"他，更没有绩效考核，但是他的一项研究成果却让华为实现了从2G到3G的突破，直到后来的5G技术，都有这位科学家的贡献。

这些人工作性质特殊，工作方式特殊，对公司的贡献也很特殊，同时他们又非常自律，因此对他们就要特殊对待，做出特别规定，这也是制度的一部分。

我们千万不能机械而片面地理解制度，公司在制度化建设过程中，会出现一些特殊情况，也会遇到一些挑战，但是只要我们紧紧围绕着公平和效率原则来设计制度，只要中层经理带头学习、遵守、维护制度，我们就会在制度化建设的道路上走得越来越稳、越来越好。

四、严格执行制度：违规不办，必有后患

为什么有的制度会形同虚设呢？不是我们制定的制度有问题，而是我们的执行有问题。比如遇到了违反制度的事情，我们总要想一想，真要按照制度处罚吗？会不会出现更严重的后果？如果我太较真了，别人会不会对我有看法？

此时，我们反过来问一下，我们设立制度的目的是什么？如果有制

度不执行，那么设立这些制度又有何用？别人不执行制度，是不是也可以作为我不执行制度的理由？

人们为什么会如此纠结？因为人们没有深刻理解设立制度的原因。上文已经讲过，设立制度的原则一是公平，二是效率。公平是一个社会学名词，在法律上，公平是法所追求的基本价值之一。公是公共，指大家和公众，平是指平等，公平就是大家平等地共存。公司中的公平，更多地体现在付出和所得的对等上，多劳多得，少劳少得，不劳不得就是公平，要兼顾客户、员工和股东各方的利益；公司中的效率，主要是指在约定时间内，以保证质量为前提，交付客户约定的产品数量和服务内容，每个人都执行同一个制度，团队协作的效率最高。制定制度，要遵循公平和效率原则，用制度解决争议时，也要体现出公平和效率原则。

比如，今天有人开会无故迟到了，参会人员的时间就被他一个人的行为浪费了，因此制度要对这种行为进行处罚，以弥补按时到会人员的损失，以及平衡大家的心态，这就是制度的公平性原则。

再比如，如果一个会议没有要求，没有主题，没有议程，没有时间规定，没有发言顺序，这个会议的效率就非常低。要么大家不说，要么大家抢着说，要么一个人说起来没完没了，最后该研究的正事一项也没有落实，该做的决策一个都没确定，大家的时间和会议成本都白白浪费了。有些时候，可能我们觉得某些制度细则以及管理程序都比较繁琐，但如果没有这些繁琐的要求，我们的流程就会颠三倒四，我们的工作就会互相撞车，严重影响经营管理的效率，这就是制度的效率性原则。

中层经理作为制度的执法官，在理解了制度的公平性和效率性原则之后，内心就应当变得无比强大，我们维护和捍卫制度的尊严，不是为了少数人的面子，而是为了多数人的利益。

五、看重奖励制度：奖励表现优秀的员工

我们中层经理是执法官，但是不能把执行制度单纯理解为处罚员工，这种理解是极其片面的。制度既要制约人性的弱点，更要弘扬人性的优点，奖励性制度应当成为公司制度的主要内容。中层经理应当善于利用公司的授权，或者在请示公司领导之后，对那些业绩优异、表现突出的员工及时给予奖励。

有一家公司的订单很多，但是产能不足，导致客户体验不好，合作基础不够坚实。一位刚来的大学生通过计算机模拟测试，对公司的作业流程进行改造，直接突破了公司原有的产能记录。在生产经理的鼓励下，这位新员工进一步升级新的作业操作流程，解决了长期困扰公司的产能问题。生产部长提议，给这个员工颁发"工艺创新奖"，得到了老板的认可。在全体员工大会上，生产经理向他颁发了2000元奖金和证书，以激励年轻人为公司创造更好的业绩。

一位项目经理带领项目组成员，为客户搭建了公司研发的节能管理软件系统，已经圆满完成了项目合同规定的所有内容，但是客户又提出一个要求，能否帮助他们在另一个自动化检测系统中实现可视化操作。项目经理征求项目组成员的意见，一位工程师认为完全可以做到，于是加班加点对系统进行功能完善，最终解决了客户的难题。这个客户又向其他企业推荐了我们公司的系统，项目组又签了一个订单，并且圆满完成。项目经理提议为这位工程师颁发"连续成交奖"，公司老板采纳他的

意见，为这位工程师颁发了5000元奖金及证书。

　　一位快递员为客户送一个大件物品，没想到电梯坏了，于是这位快递员背上大箱子，一口气爬上了13楼，将货物送到客户手中。收件人是一个老人，看到快递员满身大汗，心里非常感动，拿出200元钱给这个快递员，而我们的员工没有接受。第二天，老人来到快递站点，找到那位快递员，一定要当场表示感谢。站长得知这个消息后，请示公司领导，要给这位员工发"感动客户奖"，总经理认为应该奖励和弘扬这种精神，于是给这位员工颁发了"感动客户奖"。

　　需要奖励的事情很多，中层经理要看在眼里，记在心上，及时给予奖励。销售团队为公司成功开发了一个重量级大客户，签订了创造历史的订单，销售经理就应当对表现优异的团队成员进行奖励；研发团队经过艰苦卓绝的努力，实现了技术研发的重大突破，创造了很好的市场效益，研发经理应当对做出贡献的研发人员进行奖励；项目团队克服了重重困难，保质保量并提前完成了一个重大项目，为公司节约了大量成本，项目经理应当对项目组成员进行奖励；生产经理应当对那些完成急难险重任务，加班加点生产，突破产能纪录，并获得客户高度肯定的生产团队进行奖励；质检部长应当对那些认真检验，反复对比，避免公司出现重大质量事故的质检员进行奖励……

　　虽然公司在薪酬绩效等管理制度中有奖励规定，但多数都是员工尽职尽责完成预定的工作目标后给予的一般性奖励，对于公司的奖励制度中没有规定的，而在现实当中确实超越了团队的期望，超越了客户的期望，表现特别优异或者做出突出贡献的员工，应当给予特别的奖励。这些奖励规则可以由中层经理提出，经过公司高层决策之后，作为新的奖励制度固定下来，由中层经理去执行。

六、不断完善制度：对不合理的制度要敢于谏言

有人会说，我可以做到坚持原则、维护制度，但是如果公司的制度不够合理，我还要继续坚持吗？

我们在一家软件公司做咨询的时候，研发部经理对公司的薪酬制度就特别不满意，他认为研发人员没日没夜地干活，但是一个月的收入还不如销售人员卖一个软件的提成多。他还说："我们技术人员都是知名高等院校毕业的，都算是行业里的精英，销售部那些业务员就没有什么高学历，怎么能跟我们的收入一样多，甚至比我们还高？"我对他说："你有想法可以直接跟老板谈啊。"他说："我可不敢跟他谈，他肯定会批评我，认为我这是讲条件，用技术要挟他，而且我们老板疑心很重啊。"我对他说："如果你们技术部以如此纠结的心态工作下去，干什么事都不会竭尽全力，肯定不会有好的研发成果。如果你提的建议对客户有利，对股东有利，对研发团队有利，我相信你们老板会同意的。"研发部经理觉得有道理，于是决定向老板提出薪酬改革的建议。我们咨询师还嘱咐他："如果要让公司做出改革的决策，那么你在建议方案中一定要有详细的数据，帮助老板算算账，而且要回答好五个问题——我们希望得到多少，我们会承诺什么结果，我们完成指标的奖励是什么，不能完成的处罚是什么，希望公司提供的支持是什么。"同时，我们建议他先找老板做初步的原则性讨论，如果老板同意这些基本原则，再找人力资源部经理、销售部经理和财务部经理进行讨论，再找内部员工进行讨论，最后提交新

的薪酬绩效制度报老板审批。

最终，他们确定的薪酬制度采用项目研发"大包干"的方式，主要内容是研发部从每个项目合同款中可以获得30%的收益，其中包括研发部门所有的人员开支，以及个人应缴的保险、税金，但前提是研发部要负责项目技术投标、项目研发与交付、项目款回收、售后与系统升级等一系列工作。如果达不到项目合同约定的要求，由研发部承担支付给客户的违约金。老板经过测算之后认为，虽然人员开支比以前多一些，但是管理成本与风险成本都有所降低，重要的是研发部完成的项目越多，公司赚的也会越多，大家的收益也会越多，是一个共赢的效果，何乐而不为呢？

成长型企业处于高速发展期，管理基础相对比较薄弱，大家对管理的理解不是很深刻，我们最初的规章制度会比较粗糙，有许多不合理之处。如果不修订完善，就会制约公司的发展，那么谁来负责修改和完善这些制度的呢？单纯指望老板是不现实的，一定是负责执行这些制度的归口部门的经理。

做好修订完善工作就需要"制度勇气"，我们不要怕提出新的制度会遭到老板的反对，只要是为了公平效率，只要能够体现互利共赢，就要敢于向公司谏言。同时我们还需要"制度智慧"，最大的智慧就是要学会算账，讲清新旧制度的优势对比，如果新制度对公司和员工都有利，老板自然会同意。

第二节
执法要过的"八道关"——真正过不去的是"心里的坎儿"

人不可能不犯错误,只是错误有大有小、有轻有重,如果不处理这些错误就会助长公司的歪风邪气,处理不当也会给公司和个人造成损失。

作为制度的执法官,中层经理总会遇到员工犯错,在自己管理的职责范围内,必须还要做出处罚决定。此时,有些中层的内心会非常纠结,是坚持原则还是照顾情感,是坚守公平还是看重得失,是马上处理还是静观事态……这些中层经理经常患得患失,犹豫不决,最后领导不满,团队不服,自己不爽,这是因为心中的"坎儿"过不去,是缺乏独立的人格的表现。

我们要先弄清错误的性质:第一类是非常严重的错误,违反国家的法律法规,涉嫌犯罪,或者被判刑的,这种人必须要除名;在《员工手册》等公司规章制度中,明文规定了应当开除的严重违纪违规行为,这类错误所造成的损失通常是无法挽回的,遇到这种情况,必须采取最严厉的手段处理。第二类是比较严重的错误,是指给公司、客户或者他人造成了比较严重的损失,但是不属于不可挽回的,是可以补救的,要给予罚款、降级、免职、调整岗位等处分。第三类是一般性错误,是指给公司、客户和他人造成轻微的损失,通过整改能够立即挽回和补救的,给予提醒、警告、批评或者轻微的罚款即可。

处罚的目的不是一棒子把人打死，而是要治病救人，处罚只是一种比较极端的帮助人的手段。中层经理在执行制度的过程中应该按照上述原则，分清错误的性质，严格按照公司的规章制度执行。不过，这些原则说起来容易，做起来难，因为中层经理会经常面对一些"特殊情况"和"特殊人物"，这时考验才真正开始。

一、能人犯了错误，应当怎么办？

能人通常是指在公司中具有很强的业务能力，在某种程度上无法替代的人，而这种人往往具有结构性矛盾，能力越强，脾气越大，水平越高，胆子也越大，他们能够成大事，也容易捅娄子，在公司里边清高自傲，甚至连老板都要让他三分，如果这些人犯了错误，我们该怎样处理呢？

如果你是销售部长，手下有一位业绩量占团队总量30%的业务员，被财务查出来票据造假，多报销了500元钱，按公司的规定应该开除，请问你将如何处理？如果你是工程部长，手下有一个能力很强的项目经理，但是由于管理疏忽，造成一名员工出现严重工伤，按照公司的规定要降级和重罚，请问你怎么处理？如果你是生产部长，手下有一位特别能干的班组长，再难的活只要交给他都能按时完成，但是他对员工态度粗暴，经常辱骂员工，按照公司的规定，辱骂员工的人员要向当事人赔礼道歉并交纳罚款，请问你怎么处理？

每个中层经理手下都有几员爱将，他们是部门的骨干，是打硬仗的主力，是我们重点培养的对象，也可能是私人关系最好的下属。这样的人犯错误，让我们又爱又恨，我们爱他们的才华，却恨他们的幼稚。

正确的处理方式应该是，如果公司有规定，就一定要按照公司的规定去办，内心不情愿也要办，甚至要"挥泪斩马谡"。否则，开了一个不好的先例，以后就别想把团队管理好，因为每个人犯了错，都希望你"法外留情"。如果公司的制度规定不够严谨，有很大的裁决余地，可以向上级申请，或者向大家说明情况，尽量减轻对他的处罚，但是决不能为他的错误辩护。

无论最后的处理结果如何，作为中层经理都要在处理完毕之后，与当事人进行一次深入的交流。要告诉他，能力越强越要自省，才华越大越要谦虚，挣钱越多越要低调，这样才是真正的"高人"，才能拥有令人尊敬和自己满意的职业人生。

二、元老犯了错误，应当怎么办？

公司的元老，通常是指那些与老板一起创业打天下的老资格员工，在创业初期，他们曾经与老板一起艰苦奋斗，浴血奋战，打下了江山，为公司的生存和发展立下过汗马功劳。但是他们当中有一部分人，由于文化程度低、年龄大，能力跟不上企业发展的脚步，或者有些人由于某些性格方面的局限性，没有走上更高的职位。老板出于情感因素，容忍他们的不足，给他们安排适当的工作，保住他们的颜面和饭碗，放在中层经理手下当下属。

对于老板的特殊照顾，多数老员工都有自知之明，能干什么就尽力干点什么，不给公司添乱。但是总有个别老员工的能力不行，心态还不好，抱怨公司对他不公平，部门的制度不遵守，交给的任务不完成，谁要是批评他，他就摆老资格，甚至搬出老板来压别人，在公司里属于"滚刀肉"式的人物。如果遇到这样的元老犯错了，你是部门经理，将如何处理？

对于这样的"滚刀肉"，中层经理不要试图改变他，上策应该是把他边缘化，给他安排一些力所能及的工作，最好不要让他与团队接触过多，待遇问题让他找老板，工作问题必须由中层经理决定。最低要求是他们可以什么都不做，但是不能在部门起破坏作用或负面导向作用，如果影响到部门的正常工作，必须要按照规章制度严肃处理。

我们尊敬老员工，我们照顾老员工，这都是企业的感恩之心，那些优秀的老员工，他们虽然能力跟不上公司的发展，但心态非常好，能够跟着公司一起进步。即便是能力有限的时候，也希望发挥自己的一技之长，尽量为公司做贡献，这是我们内心当中值得崇敬的前辈。但是对于那些倚老卖老、不干正事、破坏团结、飞扬跋扈的元老，应当给予必要的处理，不然对大多数努力的员工就是不负责任，对他们以后的自我人格完善与发展也是不负责的。当然要注意处理方式的灵活性和针对性，既不能违反法规，又要合情合理，以他们不再影响部门或者公司的正常业务为目的。

三、老板的亲戚犯了错误，应当怎么办？

在中国的民营企业中，难免会有老板的亲戚在企业当中任职，一方面出于照顾家族成员的需要，比如父亲让哥哥锻炼一下弟弟，太太要求老公照顾一下小舅子，毕竟自己开的公司，给家里人一份工作也是合情合理的。另一方面由于创业的需要，亲情关系可以减少相互信任的成本，毕竟血浓于水。在这些亲戚当中，有一部分人有很高的职业素养，在公司里吃苦在前，享受在后，为人谦虚，尽量淡化家族成员色彩，无论他们是公司高管还是员工，都会受到其他员工的尊重。但是有一些老板的亲戚，没有多高的能力，职业修养也不行，担任不了管理职务，只能成为某个部门里的一名"特殊的普通员工"，比如出纳员、仓管员、采购员，通常级别不高，岗位很重要。

我们咨询过的一家企业就出现过这种情况。老板有一个侄子，没读几年书，就是一个社会"小混混"。他父亲担心他学坏，就希望当老板的弟弟能收留这个侄子，给他一碗饭吃，最好再管教管教他。老板就把他安排在销售部做业务员，并嘱咐销售部经理说："这是我的侄子，他没有上过学，也不懂得做业务，你费心教教他。"

这个老板的侄子说话不负责任，办事不认真，言行不规范，与其他员工的素质差了一大截。销售部经理考虑到他是老板的亲戚，能忍的都忍了，但是时间长了，他的毛病开始全面暴露出来，开会迟到，不参加培训，每天说是出去跑业务，实际上就是与狐朋狗友们吃饭喝酒，每个月进行业绩考核时，他总是最后一名。更可怕的是，部门中有两个业绩不错的业务员，也开始跟着他花天酒地，结交江湖朋友，业绩明显下降。后来就更加严重了，老板的侄子在员工中开始散布谣言，说总有一天自己会当上经理，这是明显的自我膨胀，已经开始向部门经理宣战了。

部门经理多次向老板反映问题，希望把他调走，但每次老板都说："他年龄小、不懂事，你多劝劝他，我也跟他说一声。"结果每次都是这样不了了之，过了半年多，销售部让他闹得一团糟，业绩上不去，风气越来越坏。销售经理向老板摊牌，他对老板说："我帮助他一个人所付出的精力，比带领一个团队都多，这笔账不划算，况且我实在无法改变他，你还是把他调走去吧，否则我就不干了。"这时候老板才意识到问题的严重性，把他的侄子调离了公司。

作为这些老板亲戚的部门领导，如果发现老板的亲戚犯了错误，该怎么办呢？首先，在内心当中把他们当成普通员工一样看待，不搞特殊照顾，更不能偏袒或讨好他们，否则你在部门当中将无法树立权威。其次，如果他们犯了错误，与其他员工一样，按照规章制度该怎么处理就怎么处理，否则就难以服众。最后，如果在问题处理过程中，老板的亲戚出现不服从管理、不尊重领导的言行，比如叫嚣、漫骂、拿老板压人，甚至鼓动别人闹事，已经超出你的掌控范围，必须要及时向老板汇报。如果老板也不想或不愿意处理这个问题，执意要求自己的亲戚留在你的部门，那么部门经理可以考虑离开公司了。

我们不是用离职来要挟老板，而是希望老板做出理智的抉择，是要给亲戚或家族成员留面子，还是要把公司经营管理得更好呢？作为部门经理，这不是推卸责任，我们该做的都做到位了，而且已经没有退让的空间，为了公司和部门的利益，我们不可能长期忍耐下去，白白浪费很多工作精力。老板是否能够坚守他批准过的制度，老板在制度面前能否做到一视同仁，决定着中层经理与老板的合作能否持续下去。如果老板赞同你的意见，你应该为有这样的老板而感到庆幸，如果老板没有同意你的想法，你也不要把生命浪费在毫无意义的事情上。

四、"小团伙"一起犯错误,应当怎么办?

在一些大的部门中,由于利益关系等原因,会形成许多小团伙。之所以称之为"团伙",是因为他们在自身利益与公司利益发生矛盾的时候,往往以自身利益为主,甚至不惜对抗公司的制度,损害公司与他人的利益,而谋取小团伙的利益。

有一家公司的生产部经理刚刚到任没几天,就发现机加工车间有些不对劲儿。他们经常不能完成生产任务,但是奖金却一分钱不少,这种高投入低产出的现象在同行业中非常少见。他向人力资源部经理了解情况之后才知道,机加工车间的班组长和员工都是老乡,他们人员多,岗位也是关键技术工种,因此向公司提出了许多无理要求,计件工资很高,但是质量却保证不了。虽然公司的计件工资制度有明确规定,计件工资是以质量合格为前提,但是迫于这个小团伙的压力,一直没有执行。听说只要这群人认为自己的利益受到了侵犯,他们就会以"罢工"相威胁。老板和原生产部经理都是性格比较软弱的人,不敢得罪这些班组长,怕他们"罢工"会造成更多的经济损失,因此一直忍到现在。

现在的问题是其他班组也开始攀比,也希望不考核质量,只考核数量,如果这样下去的话,公司的生产成本会大幅增加,客户的满意度会持续降低。生产部经理找老板谈了几次,老板不想得罪那些小团伙,只想维持现状。生产经理说:"得罪人的事由我来做,您只要支持我就行。我给您算一下损失,如果公司能够承受,我就开始解决这个问题,如果公司承受不起,我们就一起维持现状,看看到底还能维持多久。"老板说:"好吧,我支持你,我能够承受的最大损失就是停产10天。"

生产部经理找到这位班组长，心平气和地对他说："全世界没有一家公司的计件工资是只计算数量，不考核质量的，如果产品出现质量问题以后，员工不承担责任，这家公司迟早会倒闭。如果公司倒闭了，我们每个人的利益都会有损失。可能你们会说，公司倒闭了你们还可以去其他公司，但是如果你们不改变这种工作态度和思考问题的方式，那么你们永远不会找到长久的工作，也就不会有长远的发展。"然后，生产部经理请人力资源部经理与这个班组的员工进行一对一谈话，讲清计件工资的基本要求，讲清不合格产品对公司和员工个人的长远影响，公司的工资制度鼓励在保证质量的前提下生产数量更多的产品，同意的就留在公司，不同意的，可以依法解除合同。

最后这个班组长和两个员工离职了，其他员工留了下来，公司又从其他班组调来了班组长。在接下来的两周内，公司努力消除老乡观念的负面影响，从招工到班组人员结构，都尽量逐步淡化地域观念，从此以后小团伙的现象再也没有出现。

中层经理在工作当中发现小团伙现象后应该提醒自己，这些小团伙往往是非正式组织，他们的领头者往往会利用员工需要保护的脆弱心理，充当起团伙里的"老大"。无论是满足自己的虚荣心，还是要获取一些不正当的利益，这些小团伙"老大"的共同特点就是对抗管理，让员工崇拜自己，让公司不得不依靠自己，这是他们的生存之道。他们这种想法是非常愚蠢的，凡是通过侵害对方利益而获取的利益，都是暂时的，凡是靠江湖义气建立起来的小团伙，都不可能持续。当中层经理明白了这些基本道理之后，就应该站出来打散这种小团伙。

在处理利益关系的问题上，中层经理既不是老板的帮凶，也不是员工的意见领袖，而是公平和正义的代表。老板、员工和中层经理之间，既有合作也有冲突，这是非常正常的关系。人类社会也是在各种利益冲突之中，在相互妥协和相互合作之中，最后达成相对稳定的平衡状态。中层经理就是要把握这种关系的平衡，确保公司、部门、员工和自己，都能够在互利共赢的原则中，获得利益和成长，这就是我们真正的"为官之道"。

五、老板犯错误了，应当怎么办？

老板也会犯错误，甚至有些错误让人不可思议，所有人都知道老板出错了，只有老板自己不知道，请问你作为中层经理，这时候应该怎么办？中层经理通常有三种态度：第一种，事不关己。公司是老板的，老板出了错，老板自己承担就行了，我不吭声，说多了反而给自己添麻烦。第二种，对抗到底。让老板承认自己犯错了，承诺自己必须改，如果老板不认错，我就辞职。第三种，用行动影响老板。提醒老板犯错了，但改不改是老板的问题，我把自己的本职工作做好，再用"好的结果"来证明老板是错的，然后让老板有尊严地改正自己的错误。

有一家企业，老板不同意与员工签订试用期合同，人力资源部经理提醒老板，如果员工提起劳动仲裁，公司必输无疑，但是老板依然我行我素。其实这个老板是想要一个小聪明，认为试用期不确定薪酬标准对自己有利，如果员工表现好，可以留下来，如果表现不好，可以随时辞退员工，说给多少工资就给多少，说不给就不给，反正自己不吃亏，他就是一个典型的法盲。

这位人力资源部经理很有智慧，她不再劝老板了，在与应聘人员谈试用期条件时，她准备了一个录音机，把她与员工之间的谈话录下来，同时在员工手册中增加了"试用期期间离职应当提前三天通知公司"的规定，在员工入职时必须签字。结果，这些做法还真派上了用场，一位刚刚入职20天的部门经理不辞而别，过了一段时间，他向老板要20天的工资，而且远远高于公司的标准，说是老板答应他的，但是老板否定了他的说法，坚持一分钱也不给。对方向劳动监察大队投诉公司，当人力资源部经理拿出公司制度的确认书和他们的谈话录音时，劳动监察大队的人说："这个投诉是无效的，你们应当内部依法处理。"人力资源部经理告诉那位经理："因为你属于不辞而别，公司保留依法追究你赔偿公司损失的权利。"这位离职的经理便消失得无影无踪了。

自从这个事件发生以后，老板从内心当中非常感谢这位人力资源部经理，但是碍于面子，又不想公开承认错误，不过他的行动说明了一切。他对人力资源部经理说："我们以后依法办事，如果公司现在还有不规范的地方，你马上进行规范和完善，我都没有意见。"

老板轻易不会犯错误，但是犯起错误来，有可能是致命的。作为公司的中层经理，如果预判老板某个错误将会给公司带来很大的损失，应当直言不讳，这是一种对公司、对老板负责任的态度，是一种职业精神。如果在自己力所能及的范围内，通过采取必要的手段，避免这个错误的发生，或者把这个错误的影响降到最低，最后用结果来证明一切，让老板有尊严地主动改正错误，这是一种职业智慧。

我们要相信一点，公司是老板的，老板不会拿公司的命运做赌注，老板和中层经理在共同目标和共同利益上是一致的。只是由于有些老板不懂专业知识，过于自信，或者是由于个人性格等原因，导致发生了一些常识性错误，为了公司，为了老板，同时也为了自己，中层经理在坚守法律底线、道德底线的基础上，尽量为公司减少不必要的损失，必要的时候还可能要忍辱负重一段时间。

六、员工犯了错，但是没有可参照的处罚制度，应当怎么办？

中层经理在员工犯了错误，但是又没有制度参照执行的时候，容易产生两种错误行为。第一种是霸道行为，大声地训斥员工——哪有什么制度，我就是制度。这种行为将产生两种后果，要么员工跟中层经理的矛盾激化，最后导致员工辞职；要么员工与中层经理的关系日益冷淡，出现消极怠工，中层经理的管理成本会增加。第二种是放纵行为，员工出了错误，但是没有相关的明文规定，中层经理很随意地说一句：这件事就到此为止，下不为例。这种行为所产生的后果就是相同的错误还会重复出现，而且你再想用制度约束员工时，就会显得非常困难，然后中层经理就要在老板批评和员工不争气之间不断地自我煎熬。

没有制度可供参照，不等于这个问题就没有办法处理了，中层经理应当以基本原则为依据来处理眼前的问题，再制定合理可行的制度和规范，然后按照规章制度抓好落实。

有一家做信息系统的公司，收到了一个客户要上一套设备自动化管控系统的意向需求，一位售前工程师把项目介绍与报价传给了客户，但是这家客户有点心术不正，一方面向这位售前工程师称赞项目很好，他们的购买意向很高；另一方面不断询问技术操作细节，试图获取更多的信息。这位工程师比较年轻，没有经验，再加上拿单心切，就把很多操作细节在电话当中都告诉了对方，结果这个客户最后却不做了。

  项目经理等了很长时间，这个项目依然没有成交，于是就询问这位售前工程师怎么回事，当他得知这位年轻人把很多技术操作信息告诉客户之后，勃然大怒地说："你真是太傻了，中了人家的圈套都不知道，哪有不签合同、不付定金就告知操作细节的？"售前工程师也年轻气盛，对部门经理说："我怎么知道这个客户这么阴险，公司也没有一套规范文件告诉我应该怎么做啊，这事难道都怨我吗？"经理一听更来气了，接着说："不懂就是不懂，不懂问我呀，你为什么不问我，你认为自己很了不起吗？"售前工程师也不服气地说："什么事都找你，你一天到晚都不在公司，即便问了你，你有时候这么说，有时候那么说，自己前后说的都不一样！"

  如果你是这位项目经理，你应当怎么看待和解决这个问题呢？

  首先，员工出了错，要从自己身上找原因，这是解决问题的前提——是我平时没有把与客户谈判的经验传授给员工，没有给员工讲解成交过程中的风险控制，更没有做好这方面的规范文件，让员工有章可循，这事不怨你，是我没有把规定做好，这是我的问题。

  其次，静下心来，仔细分析类似错误产生的原因和正确的操作方法，结合自己的成功经验，做出制度、流程和操作工具，与员工和相关部门经理商定后颁布实施。先让员工试行，如果有效就立即推广，员工再问自己怎么办时，就要求员工一律按照规定程序办。

  最后，目前没有制度，或者来不及建立制度，应当按照原则去处理。用什么原则去处理呢？其实商业原则很简单，就是平等尊重、价值交换、互利共赢。公司虽然没有客户商务谈判的程序文件，但我们应该坚守基本的商业原则，客户对我们的产品有意向，我们向客户提供基本的产品介绍，这是一种正常的等价交换关系。但是如果客户再索要具体的系统信息，这些是我们的商业机密，不签合同不付款，坚决不能交给客户。我们可以做出承诺，如果客户不满意，可以少付款，出现损失后我们负责赔偿，但是绝对不能在没有签约付款的前提下，就把不应该给客户的产品和服务提前交给客户，这是不对等的商业关系、不能共赢的商业关系，是不可能长久的。有制度规定，就按照规定执行，没有制度规定，就要按照商业原则处理。

制度建设需要一定的时间和程序，但是坚持原则是随时随地可以做到的。因此，在制度不是很完善的中小企业，中层经理应当随时给大家讲解公司的价值观、原则和做业务的行为准则，用文化价值观来帮助员工度过制度的"空白期"，以弥补制度建设的不足。

七、其他部门犯错与自己有关，应当怎么办？

一个部门犯了错误，有可能与他部门有关系，只不过是犯错的部门承担主要责任，而协作部门则要承担配合不力的责任。如果发现其他部门犯错，并且与自己有关，那么我们首先应该向这个部门赔礼道歉，由于自己没有协助好，导致对方犯了错误。其次在自己的职责范围内，承担起相应的责任，具体的表现就是立即制定措施、做好改进，用行动和结果证明自己对其他部门的支持。最后要向责任部门提出改进建议，主要是通过制度建设，防止类似错误再次发生。

有一家钢结构企业投标国家重点项目,从以往的投标经验来看,这次中标也应该是十拿九稳的,正如大家所预料的那样,整个招投标过程非常顺利,与所有竞标企业相比,这家企业的中标概率最高。但是意外的事情出现了,开标之后这家企业并没有中标,原因只有一个,其中一个竞标文件少盖了一个章,三万吨的钢结构工程就因为一个印章泡汤了。

投标归口部门是投标办,协作部门有工程技术部、预算中心、项目部和总经办。工程技术部负责提供技术方案,预算中心提供报价,项目部提供施工方案,总经办负责盖章和文件管理,投标办是总归口和投标执行部门。在投标总结会上,投标办作为责任部门当然要做检讨,也愿意接受公司的处罚,大家也都纷纷表态,以后要引以为戒。按照惯例,大家都以为这个会议就要结束了,不料总经理突然问了一句话:"难道你们在座的其他部门就没有责任吗?"大家愣了一下,马上反映过来了,纷纷表示我们都有责任。总经理又问:"那你们都具体讲一讲,自己都负什么责任呢?"空气一下子紧张起来,没有人敢发言,这时总经办主任打破了沉闷的局面,他说:"我是负责材料盖章的,我没有认真查看是否有遗漏的地方,过去的习惯是别人告诉我盖在哪,我就盖在哪,别人告诉我盖多少,我就盖多少,对什么地方应该盖章,并不清楚。今后我会努力学习业务,对于标书中的业务知识,我可能是外行,但是对标书的格式、内容和规范要求应当熟悉,以后再出现盖章遗漏或者盖错的问题,我也要负责任。同时,我建议把我们与投标相关部门的职能重新梳理一下,把投标管理流程再完善一下,单凭经验和自觉难免会出问题,比如在盖章的程序上,至少要有三个人检查,由投标办主任最后审核,要从制度方向上解决类似问题。"

一个与业务关联性最小的部门领导发言了，而且承认了自己的错误，提出了改进建议，这有些出乎大家的意料，其他部门经理面面相觑。总经理说："我赞赏总经办主任的态度，如果每个部门经理都能够从一个部门的错误当中看到自己的错误，并承诺去改进，我相信我们犯重大错误的概率就会越来越少，甚至杜绝。给你们三天时间，回去写一个总结，主要结合这次投标失误回答三个问题，第一，我的错误在哪里？第二，从职责划分和协作流程方面分析，如何避免相同的错误？第三，我希望接受的处罚是什么？"

三天之后，五个部门的总结都交到了总经理手里，总经理把这些总结交给了总经办主任，请他负责修订和完善各部门《职能说明书》中关于投标职能的划分，修订和完善公司的《投标管理业务流程》，并起草公司投标管理制度。时隔不到一年，总经办主任被任命为新一任的投标办主任。

当其他部门出现错误的时候，作为中层经理切不可有逃避心理，更不能有"看热闹"和"甩锅"的心态。只要是与这个错误相关联的部门，都应该主动检讨自己的错误，主动承担自己的责任，主动整改自己分管的工作，并共同参与制度化建设，只有这样，我们的团队合作才能行云流水，高质高效。

八、自己犯错了，应当怎么办？

人非圣贤，孰能无过，中层经理也会偶尔犯错误，但问题是面对自己犯错时应该怎么办呢？有三种态度与做法都是错的。

第一种，趁别人没有发现，偷偷地把错误掩盖住，其实你能掩盖一时，却掩盖不了一世，最终一定会暴露，到时自己将变得非常被动。

有一家豪华汽车品牌的4S店向客户销售了一辆汽车，按照流程客户应该去"砸金蛋""领礼品"，结果中间出了点事情，双方把这个环节给忘了。客户已经走了，业务员才告诉店长，店长说："没砸就没砸吧，这事也不要声张。"结果过了一个多月，客户突然想起自己还没"砸金蛋"呢，感到非常生气，来到店里大声质问业务员："为什么不让我'砸金蛋'？难道你们想贪污我的'金蛋'吗？把你们店长叫出来。"店长赶紧出来赔礼道歉，赶紧让客户重新"砸金蛋"，又额外赠送礼物，尽管客户领走了一个户外帐篷，走的时候还是喋喋不休，把业务员又骂了一通。当时有许多买车的客户就在大厅里，造成了非常不好的影响。

"砸金蛋"是公司给购车客户的回馈，是工作流程的一部分，不能因为客户遗漏了，就有侥幸心理，得过且过，或者因为害怕受到领导的批评，而不敢说出来，更不能因为嫌麻烦而不去积极作为。发现客户没有"砸金蛋"，应当马上打电话通知客户，并赔礼道歉，可以邀请客户随时来"砸金蛋"、领奖品，也可以委托工作人员处理，现场直播留好凭证，然后把礼物寄给客户。本来是一件非常简单的事情、一件很快乐的事情，结果由于试图掩盖错误的心理，导致事情变得难以处理，甚至影响到公司的名誉，所以耍小聪明最终会害人害己。

第二种，自己犯了错误以后却埋怨下属，把责任推给下属。

老板给项目经理打电话说："客户找我了，说你们项目部的人到施工现场不干活，就直接走了。"项目经理说："是吗？有这种事吗？你等我回去收拾他们。"等他回去一问，项目组长说："我们到了客户那里，没人搭理我们，也没有人对接项目，只有一个小女孩在办公室，但是一问情况，什么都不知道。我们要求他们提供现场施工条件，他们却说你们自己解决，这让我们怎么干活？"项目经理说："遇到这种情况为什么不给我打电话？"项目组长说："我打电话你不接也不回，发微信也不回，我们在那里等了两个多小时，实在没办法，就先回来了。"项目经理说："我当时可能手机信号不好，即使联系不上我，你们也不能直接回来呀，去找他们领导啊……"

这就是典型的自己有错却埋怨下属的行为。项目经理对项目负全责，项目施工人员出发之前，就应当与客户联系并确认好以下情况：客户方对接人及联系方式、施工方案图、施工现场图、施工配套图，以及现场水电等施工条件。如果工程量不大，也可以口头确认，但必须派人先去现场实地考察，与客户进一步确认相关信息。完成这些准备工作以后，再与项目组长进行技术交底，客户与项目组无缝对接，才能确保施工顺利。

即便是事前没有与客户联系好，项目经理在安排工作时，也要对项目组长说明情况，估计可能会出现的一些困难，让组长做好充分的物资和心理准备，项目组长不会随机应变、灵活处理，也是这个项目经理的责任。

下属犯了错误，领导来承担，这是最基本的领导力法则。员工出现错误，是我们当领导的平时没有教育好，没有管理好，没有训练好，不能埋怨员工。敢于承担错误的人，才是品德高尚的人，勇于改过的领导，才能成为受员工尊敬的领导。

第三种，把错误推给其他部门或者上级——都是因为他们不支持、不配合，才导致我犯了错误。

有一家做服装连锁营销的公司，在某个季度，有某个店面业绩非常不好，开季度总结会的时候，运营总监却一再强调："我们店面的全体员工已经非常努力了，但是公司的视觉设计部没有做好橱窗展示，所以不能吸引顾客；商品部没有搭配好货物，所以卖不动；市场部在店面选址上也有问题，我们所在商圈的客流量明显偏小；人力资源部的培训工作不到位，所以员工能力跟不上；督导部没有及时跟进检查……"在场的人，除了财务部、总经理他没有说到，其余所有部门都有责任，唯独自己没有责任。

我们要永远懂得，自己的事情自己去办，其他部门给予支持最好，没有得到支持也要自己创造条件去完成。如果出现问题、犯了错误，要主动承担自己的责任，其他部门的问题在汇报的时候尽量不要说。

可能有人会提出质疑，明明我的错误与其他部门有关系，为什么我在汇报的时候不能说？原因有两个，一是当我们每个人都把责任推给其他部门时，实际上大家都在绕着问题转圈，这个问题将永远无解。只有当每个部门都独自承担责任的时候，这个怪圈才会被打破。二是因为我们在汇报制度方面有规定，部门经理在汇报自己工作时，只讲自己的问题，不谈别人的问题。当别的部门经理汇报时，如果他不说自己的问题，你才可以指出来，我们不是不说，而是在别人不说的时候进行补充。

第三节
执法也要讲方法——结论不改变，方法可灵活

平时工作和生活中为什么会出现好心办错事的情况呢？究其原因主要是坚守了原则，却忽略了方法。中国古代的铜钱都是内方外圆的，其中也渗透着一条做人的道理，"内方"就是要坚守制度，坚守自己的核心理念和做人的基本准则，在原则面前绝不妥协；"外圆"就是讲究方法，讲究沟通艺术，以达到我们预期的目的。因此，"内方外圆"才能获取财富，才能顺利实现目标。

一、个别人的事情：一对一直接处理

如果一个员工犯了错误，而且这个错误属于极其个别的、偶尔发生的问题，不属于重大问题，或者涉及个人隐私，最好是采取一对一的方式处理，不需要公告，也不需要抓典型，当事人知错必改就达到目的了。

比如你是公司办公室主任，发现公司的小车司机开车时偶尔会打电话或者看手机，这是公司制度明令禁止的行为。最佳的处理方式就是单独找这个司机谈话，严肃地指出问题和安全隐患，使对方认识到开车看手机的危害。同时，也要语重心长地指出："万一你出了事故，就是对家人不负责任，对公司不负责任，更是对自己不负责任，这件事我今天点

到为止，如果再发现类似情况，我可能就要处理你。"

只要这个司机承认错误，承诺以后不再违规驾驶，这件事情就到此为止，不必声张，更不必通报。如果他是一个思维正常的人，就会懂得没有什么比生命更重要，没有什么比领导批评更是爱。

再比如公司明文规定，业务员不准跟客户吃饭，特别是不能参加客户的宴请。销售部经理无意中得知某位业务员与客户一起吃了顿饭，遇到这种事情，就应该单独把这个业务员找来谈话。告诉他公司这项规定背后的意义，首先是不能欠客户的人情，避免在交易中出现人为干扰因素，从而损害公司的利益。同时，我们也不能用请客吃饭的方式讨好客户，避免让部分客户养成过分讨价还价的习惯。另外，吃饭难免喝酒，喝酒难免失态，不仅会损害公司形象，更会耽误正事。最后，经理也要鼓励和提醒业务员："你平时表现一直很好，只是最近业绩有点差，心态有些焦虑，犯错也是一时定力不足才造成的，我就不处理你了，但是我们要把话说明白了，以后再犯此类错误，我不但会公告处理，还要罚款并返还餐费。"

一对一沟通最大的好处，就是保证员工的脸面不被撕破，给他一个反省和改过错误的机会，但必须把问题的严重性讲清楚，把找他谈话的真正用意讲清楚，把再犯错误一定会处理的规则讲清楚，并得到他的口头承诺。我们相信，当事人一定会引以为戒，自我改正错误。

二、部门内部的事情：小范围讨论后处理

如果错误发生在本部门内部或者本部门内部的一小部分人，这个错

误还没有涉及其他部门，也不会给公司带来严重损失，最佳的处理方式是部门经理在内部展开小范围讨论。依照公司的原则和制度以及我们部门的实际情况，让每个人各自检讨，分析原因，并制定出改正的方案或者措施，然后立即行动。

店里新来了一位服务员，由于没从事过服务行业，没接受过很好的训练，把一位比较年轻的女顾客称为"阿姨"，结果把客户给惹火了，客户在店里破口大骂，还摔坏了店里的一把椅子。公司规定客户与店员产生严重冲突时，必须上报公司，但是制度没有明确规定到什么程度才是严重冲突。

店长判断这件事情并没有造成严重的客户损害和员工损伤，属于轻微的客户冲突，不必上报公司，但是这件事情不能到此为止，应当进行内部讨论，酌情进行处理。在晨会上，店长说："虽然那位顾客修养比较差，但毕竟是由于我们服务用语不当，才造成了顾客的反感，请大家谈谈应该怎么认识这件事。"有的员工认为顾客太嚣张了，是顾客的不对，我们没有错；有的员工认为，是我们没有培训好新员工，是我们的责任；有的员工认为这种事不用培训，每个人都应当懂得一些人情世故，要么叫"美女"，要么叫"姐"，最安全的叫法是"女士"，怎么能叫"阿姨"呢？这时候店长对大家说："新员工到岗没有做好培训，这是我的责任。另外，新员工缺乏主动学习意识，应当注意向老员工学习言谈举止方面的要求。顾客没有动手打人，也没有过分损坏公司的财物，我们没必要深究，还是要和气生财。对于损坏的物品，我和这位员工各承担一半的损失，这件事情我也不上报公司了，但是大家要引以为戒。"

部门里面出了问题，作为部门经理首先不能回避问题，要快速判断问题的严重程度，如果认为没有必要上报公司，那么就在部门内部组织大家讨论。在听取大家的意见之后，现场做出处理建议，明确承担责任的人员和方式，从中分析总结经验教训，最终达到教育大家、防微杜渐的目的。

三、公司的大事情：公开讨论或者辩论后处理

如果员工犯了错误，并已经涉及其他部门，对于如何处理这件事情，部门经理之间的意见不一致，公司制度在具体规定方面又比较模糊，作为部门经理应如何处理这种事情呢？最好的办法是提醒公司领导展开一次全员讨论，听听大家的意见，最后形成有效共识或结论，为下一步完善制度提供参考。

有一家公司的业务员开私家车去机场送客户，在回来的路上，由于自己驾驶不慎发生了交通事故，挡风玻璃撞碎了。业务员的车没有"玻璃险"，为此他自己掏了800多元的维修费用。业务员跟部门经理提出来，这是为公司接送客户，这笔钱公司应该给报销吧？销售部经理认为有道理，于是去找财务部协商，但是财务部认为车不是公司的，给销售人员的业务费已经包含在工资和奖金当中了。用私车办公事时出现的车损费用，到底该由谁来承担呢？对于这个问题，销售部经理与财务部经理意见不一致，于是销售部经理请总经理决定，总经理认为公司制度中没有具体规定，大家可以讨论一下，因为以后可能还会出现类似的情况。

经过大家的讨论，得出了一个结论：业务人员开私家车办业务，出现的车损费用应当由个人承担。为什么呢？因为业务员与公司的关系属

于"半承包"的劳动关系，也就是说公司为业务员提供产品、负责区域、销售政策、工资、提成和"五险一金"，以及品牌推广、部门支持等平台资源，业务员利用公司这些资源，自己去开拓市场、成交客户，然后按照双方约定的绩效方案进行分配。因此，车费、餐费、手机费等业务费用属于个人承担部分，由业务员在自己的收入中支出，而广告、展会、网络宣传、促销等公司行为产生的营销费用由公司承担。

有人说，对于这种事情总经理做个决定就行了，何必要大张旗鼓地搞一次讨论呢？总经理有自行决定的权利，但是这个决定只能教育当事人，并没有解决员工的认同问题。讨论制度的目的不仅是建立和完善制度，还是帮助大家理解制度背后的道理，从这件事情的处理过程来看，这位总经理是做企业文化的高手。

因此，中层经理在执行制度过程中，由于公司制度不明确而导致部门之间的意见不一致时，既不要与其他部门争执，也不要自己擅作主张，而应该建议总经理进行一次讨论，真理会越辩越明。如果总经理同意了，我们就展开一次制度讨论；如果总经理不同意，那就请总经理做决定，然后我们去执行。

四、实在拿不准的事情：提请上级裁决处理

如果部门经理认为有些需要处理的事情，已经明显超出自己的授权范围，而且公司的制度又没有明确的规定，在这种情况下请示上级裁决处理是最佳选择。

制度由上级决定，是一种人治的做法，但总比中层经理越权处理要

好，因为有些责任是中层经理承担不了的。

有一家施工企业承建的项目已经通过竣工验收，但甲方迟迟不付清尾款。因为在决算的时候，甲方以施工企业拖延工期为由，要在工程款中扣下违约金，项目经理不同意，认为延期是甲方中途修改设计方案造成的，甲方却认为是施工企业反应速度慢，修改后的方案不能立即组织施工。双方各执一词，互不相让，由于总金额超过50多万元，项目经理不敢做主，于是向老板请示。老板在了解情况之后，与甲方进行了一次沟通，然后自己承认在施工当中有拖延的现象，甲方也做了一些让步，少扣了一些违约金，最后双方顺利结算。

在项目总结会，老板对中层经理们说："这次我们吃的是哑巴亏，为什么甲方变更设计之后，我们没有及时重新商定工期呢？这属于设计变更产生的延期行为，应当记录在变更文件当中，双方签字确认，以便作为未来决算的依据，如果甲方不签字，我们可以不施工。当然我们要向甲方提供详细的延期依据，包括方案调整之后的物料调整、施工方式调整、人员调整和设备调整等，把时间精确到每个小时，计算在每个人的工作量上，不但要提供延期的时间依据，还要提出增加费用的要求。这些工作我们都没有做，就会在决算时出现麻烦。为什么我们没有主动去做？因为我们内心还不够强大，总认为甲方是强势一方，我们是弱势一方。做好项目，对方付款，这是天经地义的事情，并不是谁强谁弱的问题。况且大家想一想，我们辛辛苦苦做项目是为了什么，不就是为了赚钱养家吗？如果工程款回不来，我们前面的辛苦不就白费了吗？"

谁敢答应支付这笔赔偿款？项目经理显然没有这么大的权利，最好的办法是请示老板。当然吃一堑长一智，以后出现工程项目变更的时候，必须履行双方的签字手续，以免在决算时出现麻烦。

制度化建设是一个长期的过程，企业总是在不断遇到问题、解决问题，从而逐步建立和完善各项规章制度。在这个过程中，中层经理的角色既是制度的建立者、完善者，更是制度的执行者、捍卫者。要当好执法官这个角色，就要做到心中有原则，手中有方法，对违反制度的行为绝不姑息迁就，维护制度的严肃性，同时也要讲究工作艺术，尽量减少执法过程中不必要的摩擦和损失。

制度是思想的产物，制度来自于我们的价值观，又在执行中受到价值观的影响，所以能否当好制度的执法官，关键还在于我们能否形成正确的价值观，这个价值观的具体内容包括讲求公平、追求效率、善待他人、完善自己、奖励优秀、鞭策后进。能够在执法当中理解法，在理解当中完善法，在完善当中敬畏法，中层"执法官"的角色就修炼出来了。

第八章

文化的传承者
——得人心者得团队

老板是文化的缔造者，中层是文化的传播者，企业文化的高度取决于老板的思想境界，企业文化传播的深度取决于中层传播的力度，中层经理由于处在承上启下的特殊位置，对企业文化的传播具有决定性作用。一家企业的文化能够生生不息，代代相传，中层经理起着关键性作用，老板做的是"星星之火"，中层做的是"可以燎原"，企业文化才能薪火相传，绵延不断，所以"硬核中层"修炼的第八个角色，就是做"文化的传承者"。

第一节
传承者的责任——我就是文化

一、"员工因公司而来，却因干部而走"，这句话说的是谁？

我们曾经讲过，员工入职一家公司，最初见到的不是老板而是中层经理，平时打交道的也不是高管而是中层经理，因此员工的思想和价值观深受中层的影响。如果这个影响是积极向上的正能量，员工就能够健康成长，如果是消极反向的负能量，员工就会"近墨者黑"，当然更有可能离开公司。这就是"员工因公司而来，但却因干部而走"这句话的真正含义，由此可见，中层经理对员工的影响有多么重要。

如果中层经理诚实守信，说到做到，他的员工就会信守承诺，说一不二；如果中层经理善待他人，尊重员工，他的员工就会投桃报李，充满感恩；如果中层经理认真钻研业务，创新不止，他的员工就会刻苦学习，创造奇迹；如果中层经理仗义执言，主张正义，他的员工就会坚守原则，善恶分明；如果中层经理关爱团队，训练有素，他的员工就会快速成长，业绩优秀……

相反，如果中层经理惯于欺上瞒下，善良真诚的员工就会敢怒不敢言，最后只能离开；如果中层经理缺乏职业修养，不尊重员工，经常训斥员工，侮辱他们的人格，那么有自尊的员工就会离他而去；如果中层经理不懂业务还装懂，外行领导内行，又不谦虚好学，那么有本事的员工就会离他而去；如果中层经理唯唯诺诺，该坚持的原则不坚持，该争取的利益不争取，那么奋斗的员工就会离他而去；如果中层干部有"大侠"思维，独往独来，不带团队，那么想学习的员工就会离他而去……

有一家小家电外贸出口企业，在当地小有名气，有2000多名员工，给人的印象是企业效益好、员工收入高，许多人都希望到这家企业工作，但是曾经有一段时间，组装车间的员工流失率非常高。人力资源部在调查中发现，员工离职的最重要原因是车间主任脾气不好，他对员工不是呵斥、打击，就是挖苦、嘲讽。有一次，一个员工由于操作失误生产了次品，这位车间主任不分青红皂白就在现场大骂一通，差一点跟员工动起手来。结果这位员工当时辞职了，走的时候一直在说："我来是打工的，而不是来受气的，本以为这家公司挺不错呢，现在看来也不怎么样。"

这件事情引起了公司的高度重视，老板的自身修养非常好，为人谦逊低调、忠厚善良，对每位员工都很客气，但是为什么在中层经理当中会出现这种蛮横之人呢？凡事都有正反两面，老板的优点是忠厚善良，另一面就是性格软弱。老板过于谦虚低调，就会出现管理教育乏力，从而导致某些中层经理自我膨胀，养成蛮不讲理的行为习惯。

老板意识到这个问题的根子在自己身上，对中层经理教育不严，才造成了目前的窘境，于是他果断撤换了这位车间主任。新任的车间主任对员工严格之中有关爱，批评之中有尊重，处罚当中有肯定，提醒当中有帮助，生产部的任务完成得越来越好，员工流失率也非常低。

文化是一种能量，让人们相互感召和相互影响，也就是我们常说的"近朱者赤，近墨者黑"。员工因为公司良好的口碑和老板的人格魅力而加盟我们的团队，但是否能够留得住，工作中是否开心，往往取决于中层经理的思想境界、道德水准和文化能量。

二、良好的文化，可以减少部门管理的成本

有人说文化是制度的"润滑剂"，这是非常有道理的，因为管理制度再完善也不可能涵盖每一个管理行为和每一个管理细节，特别是成长型企业不可能在制度方面做到尽善尽美。即便是尽善尽美的制度，在执行过程中也会或多或少出现打折扣的现象。因此，完全依靠制度管理部门是不现实的，那就需要一种辅助手段来弥补制度的不足，这个手段就是文化管理，良好的文化可以大大减少部门的管理成本。

如果部门的文化就是敬畏制度、敬畏标准、敬畏客户，那么员工

在为客户服务当中就会很少出现错误行为，部门经理也不用为此而提心吊胆；如果部门的文化就是"质量就是生命""尊重质量就是尊重自己""没有质量就一切皆无"，那么除了质检部门按照标准进行检验之外，部门经理也不用多说什么，员工都会自觉地坚持质量和技术标准，不用担心出现质量问题；如果部门的文化是崇尚学习，不断超越自我，那么中层经理就会节省很多培养员工的成本，只要为员工指出正确的方向，教会他们应当掌握的技能，员工就会自动自发地努力学习和自我成长……

一个团队在文化上有深深的默契，这个团队的领导就会非常省心，因为他的一句话，他的一个眼神，都可以让团队成员快速心领神会，而不需要过多的说教，或者付出更多的管理成本，团队就会自觉地把事情做好，这就是文化可以减少管理成本的意义。

我们在一家企业做咨询的时候，深刻感受到部门文化对管理的重要意义。他们是一家主营危险化学品运输的物流公司，安全等级要求很高，但是多少年来从未出现过安全事故。车队队长非常自豪地说："我从来不担心我们的司机会出问题，因为十几年来，我不断向他们灌输'安全第一，生命至上'的理念，让大家深刻认识到'我的安全就是家庭的幸福，我的平安就是社会的和谐'，安全意识已经完全融入到他们的'血液'中，渗透到潜意识里面了。"

这位队长还拿旁边的一家企业做对比："他们与我们是同行，但是每年都会发生一些或大或小的事故，最严重的一次是发生了有害气体泄露，被停业整顿三个月。他们就知道处罚员工，但是却一直大毛病没有、小毛病不断，其实他们就没有弄明白一个道理——如果企业文化不行，员工没有发自内心的安全意识，光靠老板和中层经理去强压，这样的管理成本太高了。"

　　制度和文化，是管理的"两条腿"，制定制度的时候，文化在先，制度在后；执行制度的时候，制度在先，文化在后。文化理念指导制度的建设，制度执行之后需要用文化理念进行总结。一个部门一旦形成了良好的部门文化，部门经理的管理成本就会大大降低，优秀的文化指导员工做出正确的行为，正确的行为会减少中层的说教时间。当你感到管理非常轻松的时候，你就会感受到文化对节省管理成本所产生的特殊意义，从而感受到文化的力量。

三、做文化要靠"法"，更要靠"心"

　　做文化确实需要一些文化管理制度，没有制度作为载体的文化是"空中楼阁"，落不了地，而且文化问题需要通过许多管理手段来解决。不过，在这些管理手段的背后，是我们的心。做文化，如果不能发自我们的内心，这些手段就失去了灵魂，员工只会感受到形式主义和虚情假意。

　　我们发现构建部门文化方面做得好的中层经理都有一个特点，那就是他们用真情和真心做文化，发自内心地帮助员工进步，触及员工思想的灵魂，这时员工才能真切感受到你对他的关心和帮助，文化才能变成他的感动和自觉行为。这种文化互动的过程，一切行为都必须是真诚的，"真诚待人"是做好部门文化的最大心法。

　　我们的员工来自于不同的家庭，接受了不同教育，他们曾经在不同的企业感受过不同的文化,他们带着怀疑的、试探的,甚至迷茫的心态来到你的部门。如果他们过去接受的家庭教育或者职业教育有不足之处,他们身上就会有一些不良习惯,比如自以为是、逃避责任、缺乏耐心、做事任性……如果他们遇到的中层经理能够直言不讳,真诚相待,说问题直指本质,说思想直通人心,任何伎俩都逃不过他的"法眼",任何进步都会得到他的赞许,员工就会逐渐受到正能量的影响,去除那些不良习惯和消极思想。

2020年新冠肺炎疫情爆发期间,一家江苏企业有100多名员工远在安徽的偏远山区,无法返厂上班。员工们主是担心在路途上被感染,不敢坐公共交通工具,但是不能上班就没有收入,也就无法维持家庭的生活。正在他们苦恼的时候,突然收到了人事部经理的微信,公司将安排大巴车接他们返岗上班。员工们都非常感动,早早就做好准备,在约定的时间和地点等待公司的大巴车,村子里的许多亲人也都来送行,也想看看这是一家什么样的公司。

当生产部经理第一个从车上走下来的时候,他对大家说:"老板请你们回家。"员工们流泪了,大家万万没有想到,公司能派生产经理亲自来接他们,跑了将近1000公里的路程,就是为了接他们返厂。更让他们没有想到的是,公司又给每一个员工的家里送了一份江苏特产,让亲属带回去,亲属们也感动了。当员工们回到工厂,看到每天都有很多人在其他工厂排队寻找工作,而自己的公司并没有另行招工,而是宁可停产也要等他们回来,员工的内心再次被深深震撼了。

当初在讨论"是接外地员工回来,还是在当地重新招工"这个问题时,公司的管理层也有一些不同的意见,有的干部说,可以让员工自己回来，如果他们回不来，就在当地马上重招一批普工，因为还有很多订单没有完成，生产线急需人手。这时候生产部长说："人心都是肉长的，如果我们能够真心地对待员工，相信他们一定会回馈我们以真心，我建议包车接他们回来，对于这几天的损失，我们一定会加班加点赶回来。"事实也确实如此，员工们主动申请加班，保质保量完成了订单，用实际行动回报了公司。

真诚对待客户就是最高的营销技巧，真诚对待他人就是最佳的沟通方式，真诚让人们放下狭隘的"小我"，追求无私的"大我"，每个人都会开心快乐地工作，效率又高，结果又好，这就是"心法"产生的伟大力量。中层经理现在要练好自己的"心法"，努力做到知行合一、身心合一，当你用真情、真意、真心帮助员工解决实际问题的时候，你就会发现员工会用最好的工作成果作为回报，而且我们会感受到管理如此简单，团队如此快乐。

第二节
传承文化的主要方法——活动是设计出来的

做文化不是临时发挥想出来的，也不是用假大空的口号喊出来的，而是我们有意识地提前设计出来的，我们要有意识地策划、组织、实施一些活动，如果员工在活动当中对我们倡导的核心价值观和理念有所感悟，就说明我们的文化活动起到了一定作用。

一、会议传播法：一对多讲文化

"一对一做文化"的优点是针对性强，"一对多做文化"的优点是成本低，有气场，容易形成共识，其中最好的方式就是开会。部门经理开会时大多数是讲工作，讲业务，讲事情，很少讲文化，如果能够结合工作讲文化，渗透业务讲理念，通过事情讲道理，能够让下属感受到你倡导的价值观和原则，你就是做文化的高手。

部门经理召开部门的周、月例会时，就可以结合会议的内容，进行文化宣导。

比如销售部长对业务员下周的工作计划进行点评时，发现某位业务员提交的计划是拜访几家客户，销售部长就可以跟业务员讲："拜访不是结果，签下订单才是结果，最差的结果也要是达成购买意向，否则拜访是没有意义的。公司强调以结果为导向的执行文化，就是让大家理解到'做事情'不等于'做结果'，因此请大家在做计划的时候，一定要搞清楚，什么是我们要的结果。"

这样一段计划点评，就是结合工作讲"结果导向"文化，同时通过一对多的方式，让其他业务员在设定计划和汇报计划时就会自觉树立结果导向的思维，这种开会的方式沟通成本最低，讲解文化的效果却是最好的。

再比如生产经理在检查工作当中，发现某位员工没有按照流程操作，产品质量出现了问题，这时候就应该让大家停下来，把员工召集到一起，把流程拿出来给大家讲一讲："流程到底有什么用？流程是我们公司成功经验的总结，是客户质量要求的保证体系，每个人都可能有自己的习惯，但是如果靠习惯做事情，做好了是侥幸，做不好是必然。产品质量的稳定性不能依靠个人的能力与悟性来保障，而是要依靠大家按照标准化流程去操作，如果流程有问题，我们可以改进完善，如果流程没有问题，请大家严格执行，这就是公司所倡导的流程文化。"

会议不必多开，时间也无须过长，但是开了就要有所收获，一是把问题解决了，二是让大家理解解决问题背后的道理，这个道理就是我们公司倡导的价值观和理念，时间长了大家耳濡目染，就会对我们倡导的文化牢记于心。

二、案例宣讲法：讲好一个故事，胜过100场培训

我们很多管理人员特别热衷于给员工上大课，讲系统，传知识，实践证明这种做法的效果并不明显，大家听得云里雾里，说的好像都有道理，但是如果你问员工有什么收获，好像也没什么收获，就是感觉"高大上"，对自己的工作没有实际的指导意义。

公司制定的培训计划当然要执行，而且每次培训都要认真准备，最好每次培训只讲一个专题，用一个案例讲清一个知识点，最长不要超过45分钟。这样员工的感受更加聚焦，更容易接受，对工作的指导性也会更强。除了专题性、系统性培训之外，最有效的培训方法就是案例讲解法。所谓案例讲解法，就是把一个案例讲解成生动的故事，讲故事的流程要做到"六有"，即有时间、有地点、有人物、有情节、有结论、有启示。前面"四有"讲的是故事，"有结论"讲的是对案例性质的判定，"有启示"就是通过这个故事，给我们的管理带来的启发，给我们的思想带来的升华。

我们有一家学员企业是做海事服务的，他们公司每半年都要举办一次总结会，每次都邀请我们做中层领导力培训，而且每次他们都会认真总结典型案例。在培训课堂上，他们坚持做案例分享，取得了非常好的效果。

在一次培训中，他们讲了一个《再次验舱都没有通过》的故事。

2019年4月，他们驾驶散装船从连云港出发，去温哥华装粮食再运回来。离港后，船长通知大副安排好扫舱、洗舱，大副接到指令后，只布置了甲板部、轮机部的工作，并没有针对这艘船刚卸载完煤炭的实际情况，对扫舱、洗舱的注意要点进行强调，船长也没有做到每天到现场查看实情。结果在温哥华装载粮食之前，两次验舱都没有通过，下级船员消极悲观，船长、大副毫不作为，直到总部下达了极其严厉的命令，才极不情愿地完成了整改工作，第三次验舱才算通过了。

这是一个什么性质的问题呢？是中层缺乏领导力的典型事件，船长、大副不但没有领导好员工，反而被员工"领导"了。这个案例给我们的启示是什么呢？第一，领导意味着责任，你担任船长和大副，就要对整艘船的安全运行和经济效益负责任。第二，领导意味着要提供结果。安排工作、布置任务是做事情，验舱通过才是结果，没通过就等于白说白做。第三，领导意味着"得罪人"。对于工作指令，员工能够理解要执行，不能理解也要执行，在执行当中去理解，面对消极应付的行为要先礼后兵。先礼，就是先讲清道理，要告诉员工：我们的收入来自公司，如果验舱不合格，装载时间往后拖延，公司就会有损失，我们就会少赚钱。后兵，就是在"先礼"之后，如果员工还是不听从命令，就要给予相应处罚，绝对不能手软。

故事鲜活，情节生动，就事论理，分享热烈，启示颇深，我们要讲好公司的故事，不但要讲给我们的客户听，更要讲给我们的员工听。时间长了，故事多了，就会埋下文化的种子，总有一天会结出成长的果实。

如何在较短的时间内，有效地传达自己的思想，并让员工能够完全领会和认同呢？中层经理一定要学一点传播学理论，传播学只解决一个问题，就是如何才能让受众对自己的观点入耳入脑。因此，做文化必须要以员工为中心，而不是以自我为中心，针对员工的特点和现场的情况，精心设计每一次员工培训，最好是用员工所熟悉的发生在他们身边的事情作为案例，这样员工就会感同身受，愿意参与讨论。一个精彩的故事分享，胜过100场大型培训。

三、仪式设计法：做文化要有仪式感

许多中层经理认为做文化就是我把自己做好，然后再影响和带动大家就可以了，或者是遇到问题以后，我跟大家说一说就行，他们往往忽略了企业文化所需要的仪式感。为什么有些中层经理不愿意做一些有仪式感的文化呢？他们认为这是在做秀，有点装，有些假，其实是他们没有理解形式为内容服务的真正含义。因为大家平时的工作都非常枯燥，平时的文化宣传模式都比较陈旧，员工已经产生了审美疲劳，如果没有任何创新，文化传播活动就对员工没有任何吸引力。另外，仪式感可以成为一种传统，成为一种期待，成为一种大家津津乐道的话题。中层经理如果明白了这些道理，就会主动地经常设计一些仪式，把文化做成团队记忆中值得回忆的一项活动。

比如新员工入职了，我们可以举行一个入职仪式，在仪式上，带领新员工做一次入职宣誓，中层经理带领员工读一遍入职誓词，共同朗读一遍公司的愿景、使命、价值观和岗位职责，代表部门欢迎新员工的加入，其他同事也可以发表简短的讲话，欢迎、鼓励、互助、共进就是这种小型入职仪式的主题。对于新入职的员工和其他在场员工而言，都会有一种深刻感受，一种能够成为团队一员的自豪感和责任感。

当我们团队要冲击一个有挑战性的目标时，我们可以举行一个誓师大会；当我们的团队凯旋而归的时候，我们可以举行一个庆功仪式；当我们的员工入职或转正纪念日到来的时候，可以给他举办一次职业生涯的生日庆祝会；当每周一早晨上班的时候，全体员工集合起来，举行一个升国旗的仪式；当新产品上市或者出厂的时候，我们可以举办一次隆重的剪彩与出厂仪式……

仪式不是做秀，而是强化集体的记忆；仪式不是走过场，而是弘扬我们的企业精神；仪式不是玩游戏，而是传播我们的核心理念。因此，中层经理要多做有仪式感的文化创新，让我们每一个渗透着企业文化的仪式活动都能感动人心。

四、娱乐活动法：寓教于乐是高人

人的天性是拒绝枯燥而喜欢快乐的，拒绝说教而喜欢愉悦的，特别是对那些普普通通的员工而言，他们只能接受自己可以感受到的文化，如果连感受都没有，接受就无从谈起。人们只有在快乐的氛围当中才能感受到公司的价值观与理念，感悟到工作和生活的意义，所以中层经理应当把"寓教于乐"作为文化传播的重要手段和方法。

2020年新冠肺炎疫情期间，我们的白衣天使在医治病患时面临着巨大的感染风险，每天都在与死神打交道，每天都在超负荷工作，但是他们并没有失去工作的快乐。他们会在防护服上画上各种卡通形象和祝福语，偶尔还会跳一段"企鹅舞"，在凶恶的病毒面前依然如此乐观，不禁让人笑中含泪。在方舱医院里，护士长带领轻症患者一起跳"广场舞"，给沉闷压抑的病房带来了快乐，给处于恐惧之中的患者带来了生命的希望，而且愉悦的心情更有助于病人的快速康复。

现在企业员工队伍的年轻化程度越来越高，年轻一代是在互联网环境中长大的一代，是在游戏中玩大的一代，是城市化大环境背景下视野开阔的一代，我们不能用过去死板的方法来管理他们，他们也不愿意在死板的公司文化中工作和成长，这对于中层经理而言无疑是一种挑战。如何带好年轻一代员工？这是一个很重大的管理课题，我们也已经研究三年了，为此还设计了一门课程，就叫"事业的小伙伴"。

有的销售公司业务员每天都非常繁忙，公司就设计了一个娱乐活动，每当有一个业务员成单之后，就由他的组长敲一声锣，然后放一段音乐，所有的同事都会排队，让成单的员工站在排头，大家跳一支快乐的"虫子舞"，释放一下工作压力，庆祝一下小小的成功，激励大家继续为业绩而战。在活动中，每个人都非常希望给自己创造一次机会，能够站在队伍的前面领舞。

有一些生产型企业，平时工作非常枯燥，简单重复，气氛压抑，员工没有活力。生产经理就想了一个办法，在上午或者下午的休息时间，给员工发红包，谁抢到了"手气最佳"，谁就会成为今天的"店小二"，为大家提供服务，包括给各个班组发放水果或者饮料，中午就餐时帮助厨师给大家盛饭，在快乐的服务中感受工作和生活的意义。

当然，娱乐活动有很多形式，带领大家出去旅游，组织体育比赛，一起唱卡拉OK，聚一次餐，看一场电影，搞一场拓展训练……这些活动都能够放松大家的心情，融洽彼此的关系，凝聚团队的力量，然后精神百倍地投入到工作中去。

希望我们的中层经理有一点娱乐精神，在紧张的工作当中，通过娱乐活动释放大家的压力；在枯燥的业务当中，通过娱乐活动让大家放飞心情；在面对业绩的压力时，通过娱乐活动让大家充满乐观精神。

第三节
中层晋升的定律——价值观第一，能力第二

一、只有先适应环境，才会有机会最后改变环境

为什么有些中层经理一直晋升不到高管或者合伙人的层次呢？因为他们总是不断的跳槽，在哪一家公司干的时间都不会很长。为什么会这样呢？就是因为他不懂得"只有先适应环境，才有机会改变环境"的道理，还没有站稳脚跟，就想改天换地，结果往往是以失败告终，不得已就会再一次"跳槽"。

作为刚刚加入一家公司的中层经理，要露两手给大家看看，表现一

下自己的本事，这是一种的正常的心态。如果是做一件平时团队应付不了的事情，比如要回来一笔很难要的应收款，签订了一个非常有难度和含金量的订单，研发了一个行之有效的管理小工具等，有助于在公司中快速树立权威，站稳脚跟，为下一步发展奠定良好的信任基础。但是有的中层经理上来就想做大的改革，比如战略调整、模式调整、队伍调整、考核体系调整等，这种变革往往到一半就会夭折。

为什么急于变革会夭折呢？因为自己过去的管理经验和方式，不一定适合于目前公司的实际情况，自己的管理理念不一定适合目前公司的文化，如果操之过急，可能会引起员工的逆反心理。即使老板支持你，但是如果你与员工的矛盾冲突达到了不可调和程度，必须要有一方离开的时候，老板通常不会让老员工们失望。

因此想要变革成功，需要做好两件事情：第一，亲自去解决一个难题，让员工看到你的实践能力，在员工心目当中树立威信；第二，全面了解公司的实际情况，特别是自己所管辖部门的问题根源和本质，研究总结前期解决办法的经验教训，再把自己的方案融合进去，看看能否解决问题，想想会遇到什么困难，自己有没有应急预案。先把这些问题回答清楚了，再出台改革的实施方案。

俗话说，新官上任三把火，千万不要理解为上任就要"点火"，而要审时度势寻找最佳的"点火"时机，如果操之过急，往往适得其反。因此，选择适当的机会，采取有效的方法，逐步推进变革，中层经理才能在一个新的企业站稳脚跟，并获得长足的发展。

刘经理是老板刚刚请来的人力资源部经理，曾经在一家大企业做过五年的人力资源专员。来到这家公司之后，他发现人力资源管理的基础非常薄弱，高管分工不清，部门职能不明，只有招聘辞退，没有培养训练，只有工资体系，没有绩效考核，公司里边干好干坏一个样，大家都在"吃大锅饭"，优秀的员工没有积极性，落后的员工也没有压力，混日子的现象非常严重。于是刘经理准备从薪酬体系入手进行改革，她结合自己的管理经验，起草了公司《薪酬绩效管理制度》，并报送老板审批。一个月过去了，两个月过去了，一直没有任何消息，老板不说同意，也没说不同意，他提醒了几次，老板一直说"再考虑考虑"。

这是为什么呢？原来老板拿了这套薪酬绩效制度，私下与几个部门经理进行了单独沟通，征求他们的意见，结果遭到了这些部门经理的一致反对。他们认为公司现在的制度不需要改革，如果执行这个新的制度，恐怕会有很多员工辞职。

刘经理被蒙在鼓里，百思不得其解，于是向我们公司的咨询顾问请教。顾问在了解了基本情况之后，做出了以下几点分析：第一，老板请你来的目的就是要打破"大锅饭"，激发团队活力，提升公司效率。从这点上看，你和老板的目标是一致的，因为老板不了解人力资源工作的基本原理、方法及工具，无法评价你提出的薪酬绩效制度是否合理，所以不敢下定决心。第二，几个部门经理不愿意考核，不是因为员工会辞职，而是他们担心改革会影响自己的利益，在收入方面产生差距，工作压力也会增大。第三，这家公司的文化还是创业期的江湖文化，没有转型为执行文化和职业文化，老板比较软弱，缺少魄力。因此，这场变革不是一蹴而就的，需要上下打通、逐步实施才能成功。

为此，我们给出了几个对策：第一，请老板参加人力资源管理的培训课程，真正了解人力资源管理对公司经营的本质作用，了解薪酬绩效考核体系设计的原理、方法和评价依据。第二，修改和完善薪酬绩效制度，重点是将团队的业绩跟部门领导的业绩挂钩，比如生产部门实行班组计件承包制，公司制定分配原则和标准，把分配权交给班组长和车间主任。第三，制定一个试行计划，也就是在试行的两个月当中，只考核评分，不兑现奖惩，然后让中层经理和员工们对比一下，在制度实施前后，自己收入到底会有什么变化，也就是向大家实际证明一下，有业绩的员工收入会增加，而没有业绩的员工收入就会减少。如果制度有不合理的地方，可以及时收集意见建议，进行完善和修改，以防止新制度脱离公司实际，造成公司管理混乱。

当我们按照这个思路和方法操作之后，整个人力资源结构得到了优化，新的薪酬管理制度推进非常顺利。

二、能力可以获得高薪，而价值观才会让你走得更远

从优秀的员工当中成长起来的中层经理，未来的职业生涯是走向高管，走向公司的合伙人，还是自己投身创业，这是中层经理理想的个人发展之路。在20多年的企业咨询过程中，我们深刻地体会到，许多老板想搞股份制，想找企业管理的接班人，但是苦于没有可以提拔的中层经理。

老板心目当中的股东，必须要在经营上能够独当一面，不仅业务能力强，管理能力更要强。因此，业务不强的中层，需要提高自己的业务能力，业务能力比较强的中层，需要提高自己的管理能力。业务能力能够解决具体事务方面的难题，而管理能力却能解决团结和带领团队的问

题，这是中层走向职业生涯顶峰的基础。即便是未来不能成为公司的合伙人，也可以依靠很高的能力水平获得更高的薪水。

比能力更重要的是价值观。许多老板迟迟不进行股份制改造，就是担心中层干部成为股东之后，与自己在价值观上产生矛盾。除非股份制方案有特殊的设计，否则股东享有公司的决策权、收益权，当然也要承担公司最终的经营风险。如果价值观不一致的中层成为股东，在面对重大问题需要表决的时候，就会与老板产生分歧；当公司需要暂时牺牲股东利益，而投入到长远发展的时候，有的股东就会不同意；有的股东由于每年都有非常可观的分红，也就开始不在乎工资多少，失去了过去那种积极进取的精神……这些都是老板和原始股东不愿意看到的结局。

我们曾服务过的一家公司就出现了类似问题。公司的老板是做工程项目的，经过十几年的打拼，公司在当地已经小有名气，经济效益非常好，老板以为到了进行内部股份制改革的好时机。这么多年跟他一起奋斗的兄弟没有挣到太多的钱，老板的初衷是希望中层经理成为股东，跟他共享胜利的成果，然后自己退居二线，做自己喜欢的新业务。但是这些中层经理能力不行，老板就从外边招聘了一位年富力强、精明能干的总经理来接替自己的职务。经过一段时间的考察，老板发现这个总经理非常优秀，所以也想吸引这位总经理成为股东。没想到股份制改革的设计方案出来以后，那几个曾经跟老板打天下的中层经理都很不高兴，认为老板分配给总经理的股份太多了，自己十几年跟着老板奋斗的所得，还不如一个新来的人多。由于中层经理的反对，股份制改革没有成功，原来团队当中和谐奋斗的氛围也受到了损害，公司的内耗越来越多，业务发展愈加步履艰难。

后来，我们去这家公司做管理咨询，其间与高层管理团队进行了一次座谈，主题就是"公司为什么要搞股份制"。我们跟管理团队讲，股份制改革不是给大家发养老金，也不是瓜分公司已有的财富，而是二次创业的新起点。如果只看到权力、收益，而看不到风险、责任，这种人就不可能成为股东。分配股份的多少可以考虑到个人在公司的工作年限，但这不是最主要的因素，价值观、道德水平与工作能力才是决定股份占比的重要因素。如果谁能顶替总经理，那么公司也同样会给你更多的股份，但是目前来看你们的水平都不如这位总经理，所以股份比例设定是合理的。

既然当不了总经理，那就帮助总经理把公司的业绩做大，也就是把"蛋糕"做大，虽然我们每个人股份占比不大，但是"蛋糕"做的越大，我们得到的越多。如果我们不去做大"蛋糕"，而是天天想着要分多少"蛋糕"，那么这个"蛋糕"总有一天会被吃完。大家想通了，我们就按设计好的方案执行，如果想不通，股份制改革将会无限期推迟。老板给大家股份是一种情分，不给是本分，如果不能理解老板的良苦用心，我们就将偏离股份制改革的目标。最后大家终于想通了，放下成见，达成共识，愉快地签署了《股东协议》和《公司章程》，全力以赴支持总经理的工作，开始公司的二次创业。

所谓价值观一致，通俗地讲就是能不能跟公司一条心，相信公司未来的事业一定能够成功，并愿意为这个事业而努力奋斗；在个人利益与公司利益产生矛盾的时候，能不能用长远的眼光看待得失，能不能以价值交换、互利共赢的契约精神指导自己的行为。如果能够做到这些，"硬核中层"将会飞得更高，走得更远。

公司主要服务项目

类别	名称	内容和目的	时间与方式	参加人
总裁班	企业"自运营"落地系统	讲解运营管理的基本理论、模式、方法和工具，属于实战型高端课程，解决效率提升和可以复制的问题	标准课时2天，每天6学时，包括理论讲解、案例分析、工具使用和方法训练，是各大培训机构和高校的首选总裁班课程	董事长、总经理
	企业"绩效倍增"实战系统	讲解人力资源的基本理论、模式、方法和工具，属于实战型高端课程，解决人才选、用、育、留的问题	同上	同上
	富过三代：如何实现顺利接班	讲解接班的原理、机制和方法，解决中国民营企业"富不过三代"的问题	同上	同上
	事业的小伙伴：如何带好新一代	打造能够带好"00后""95后"一同成长的中高层团队，解决与"00后""95后"沟通难、共事难的问题	同上	同上
管理咨询项目	"5i自运营"管理咨询项目	"5i自运营"系统的导入与训练，包括"人力资源体系+5i运营模式"训练，目的是提高效率，复制团队和人才	企业调研2天，项目周期20~60天不等，咨询顾问每天都会在企业上班，手把手教会企业中层如何抓管理，有一年售后服务期	中高层领导参加训练，其他人员可以旁听
企业特训营	"运营突破"特训营	结合企业具体情况，开展"5i自运营管理模式"实操训练，提高团队执行力和公司复制力，属于咨询式培训	到企业培训，完全个性化服务，课程3天，远程调研1天，课后一年服务期。现场训练，现场出结果，学习之后体系可复制和传承	同上
企业内训	用结果说话：团队执行力训练营	打造以"结果为导向"的超级执行力团队，解决借口多、结果少、执行不到位的问题	课程2天，远程调研1天，用企业的案例做培训，实战、实用、实效，教学氛围生动欢乐，达到思想统一、效率提升的目的	全体员工或者骨干员工参加
	职业选手靠得住：团队职业化训练营	打造"专业、商业、敬业"的职业化团队，解决缺少职业精神、不负责任和缺少价值交换意识的问题	同上	同上
	带好团队拿结果：中层领导力训练营	打造"能够带好团队做业绩"的中层领导队伍，解决中层角色认识错位和缺少工作方法的问题	同上	同上